Eine Stunde Personalarbeit

Zum Autor

Dr. rer. pol. Ulrich Schaefer studierte Volkswirtschafts-
lehre und promovierte mit einem Thema zur Nachfra-
gekonzentration, das der angewandten Ökonometrie
zugeordnet werden kann. Danach begann er seine
Karriere als Vorstandsassistent, übernahm Verantwortung im Auslandscontrolling und wechselte in den Personalbereich. Hier erlernte er das Personalgeschäft
von der Pike auf, um dann in unterschiedlichen internationalen Konzernen als Bereichsleiter Personal/
Arbeitsdirektor Personalarbeit zu gestalten und zu
verantworten. Ulrich Schaefer unterstützt heute Unternehmen bei der Konzeption und Umsetzung sehr
komplexer Personalthemen und deren Verhandlung
mit dem Betriebsrat.

ulrich.dr.schaefer@web.de

DR. ULRICH SCHAEFER

Eine Stunde Personalarbeit

– Wissen für Manager –

Bibliografische Information der Deutschen Nationalbibliothek:
Die Deutsche Nationalbibliothek verzeichnet diese Publikation
in der Deutschen Nationalbibliografie; detaillierte
bibliografische Daten sind im Internet über http://dnb.dnb.de
abrufbar.

Satz, Umschlaggestaltung, Herstellung und Verlag:
BoD – Books on Demand

ISBN: 978-3-7448-7701-5

Für Yvonne, Julian und Kerstin

Inhalt

Vorwort

Erfolgreiche Personalarbeit heißt, und damit nehme ich die Ergebnisse des Buches vorweg,

- nicht Anwesenheitszeit zu messen, sondern Leistung und Ergebnis der Mitarbeiter[1] zu fördern und zu bewerten,
- Festgehälter zu zahlen und auf variable Vergütung zu verzichten,
- sich auf zwei, maximal drei Sozialleistungen zu konzentrieren,
- Fachkräfte mit mittleren Führungsaufgaben zu betrauen und die Macht von Führungspersönlichkeiten einzuschränken,
- Nachwuchsgewinnung und -förderung als zentrale Aufgabe zu sehen, ohne die die Existenz des Unternehmens gefährdet ist,
- nicht Personalentwicklung, sondern Persönlichkeitsentfaltung zu betreiben,
- Teams als eine Organisationsform mit Für und Wider zu erkennen und nicht überzubewerten,
- Karriere als einen natürlichen Prozess zu sehen, der in die Zukunft gerichtet ist und deshalb nicht durch enge Karriererichtlinien und -fahrpläne determiniert werden kann,
- zu akzeptieren, dass man für die Internationalisierung der Belegschaft sehr viel Geld in die Hand nehmen muss,
- zu erkennen, dass eine funktionierende Unterneh-

menskultur auf Respekt und Anstand basiert, zu der einwandfreies Benehmen und höflicher Umgang gehören.

Generell ist Personalarbeit dann gut, wenn sie einen Ausgleich zwischen den berechtigten Interessen des Unternehmens und der Mitarbeiter unterstützt. Das heißt, auf der einen Seite die Produktivität und die Kosten so zu gestalten, dass das Unternehmen dauerhaft wettbewerbsfähig ist und bleibt, und auf der anderen Seite eine Plattform zu bieten, die qualifizierte Mitarbeiter an das Unternehmen bindet und fähige potentielle Bewerber für das Unternehmen interessiert.

Wenn Sie die vorstehenden Aussagen mit Ihrer Personalarbeit abgleichen, werden Sie wahrscheinlich Unterschiede feststellen. Genau das sollte die Motivation sein, dieses Buch zu lesen. Und sollten keine Differenzen bestehen, würde ich mich sehr freuen, wenn Sie das Buch trotzdem nicht aus der Hand legen.

Ursprünglich sollte das Buch den Titel »Erfolgreiche Personalarbeit für Champions des Mittelstands« tragen, wobei ich unter Champions konzernfreie Unternehmen oder Konzerne ohne »Oberkonzern« mit 500 bis 10 000 Mitarbeitern verstehe, die auf ihren relevanten Märkten gegenüber jedem anderen Unternehmen wettbewerbsfähig sind. Dies war naheliegend, da ich während meiner mehr als dreißigjährigen beruflichen Tätigkeit für vier Champions als Bereichsleiter Personal/Arbeitsdirektor gearbeitet habe. Meine

Überlegungen basieren auf meinen Beobachtungen und Erfahrungen aus meiner Zeit als HR Manager von Champions. Ich habe mich dann aber doch für einen universelleren Titel entschieden, weil ich glaube, dass jedes Unternehmen bzw. jeder Konzern erfolgreiche Personalarbeit haben muss. In Großkonzernen ist sie allerdings schwerer durchzusetzen, denn sie ist, so wie ich sie verstehe, in ihren Grundsätzen schlicht und einfach. Großkonzerne beschäftigen viele Personaler, die eher für mehr Komplexität stehen. Dies ist nur allzu verständlich, möchte doch jeder einen Beitrag leisten. Eine einfache, schnörkellose, effektive und effiziente Personalarbeit stört da eher.

Ich möchte zeigen, wann Personalarbeit erfolgreich ist, auf welche Felder man sich konzentrieren und welche »Fallen« (z. B. Instrumente der Personalarbeit, die viel Arbeit machen, aber nichts bringen) man vermeiden sollte.

Sie werden auf den folgenden Seiten Ausführungen zur Personal*arbeit* finden, also zu dem, was getan wird, was für den Mitarbeiter spürbar ist, d. h. keine Planung, Politik, Strategie oder Vision.

Bevor ich mich ausgewählten Themen der Personalarbeit zuwende, möchte ich zwei grundsätzliche Fragestellungen diskutieren:

1. Braucht man eigentlich eine Personalabteilung und wenn ja, was ist ihre Aufgabe?

2. Welche grundlegenden Aussagen sind für den Umgang mit Mitarbeitern wichtig?

Beide Fragestellungen sind entscheidend und bilden die Grundlage für die Ausgestaltung und Beurteilung der Personalarbeit. Deshalb stelle ich sie an den Anfang.

Das Buch schreibe ich für Unternehmer und Manager. Da für diese Leser in der Regel Zeit ein knappes Gut ist, habe ich mich bei meinen Ausführungen von dem Sprichwort »In der Kürze liegt die Würze« leiten lassen. Das Buch ist in einer Stunde lesbar (deshalb der Buchtitel).

Ich habe mich bei der Konzeption des Buches allein daran ausgerichtet, welche Fragestellungen für einen Manager interessant sind. Daher enthält das Buch sehr unterschiedliche Problemkreise, die zu sehr differenzierten Kapiteln mit unterschiedlichem Umfang und Inhalten von »theoretisch abstrakt« bis »hautnah an der Praxis« reichen. Es ist kein Buch aus einem Guss, aber ich hoffe, ein interessantes.

1 Grundsätzliche Fragestellungen

1.1 Benötigt man eine Personalabteilung und wenn ja, welche Aufgaben sollte sie haben?

Ein klares »Ja, aber …«

1.1.1 Unternehmenszweck und Personalabteilung

Ein Unternehmen in einer Marktwirtschaft, und damit auch in einer sozialen Marktwirtschaft, leitet seine Existenzberechtigung aus der Tatsache ab, dass es Güter (Produkte, Dienstleistungen) anbietet, für die eine Nachfrage besteht, d. h., Kunden erhalten etwas, das ihnen Nutzen stiftet, der aus ihrer Sicht höher ist als der zu zahlende Preis. Dabei hat das Unternehmen selbstverständlich Recht und Gesetz einzuhalten. Das ist der Unternehmenszweck.

Der Unternehmenszweck ist die Rechtfertigung für die Existenz der Unternehmen in einer Marktwirtschaft und für deren weitreichende Entscheidungsautonomie. Das stellt den Kunden in den Mittelpunkt der Tätigkeit des Unternehmens. Zu Recht sagt man im Volksmund: »Der Kunde ist König.«

Die öffentliche Diskussion scheint dies teilweise zu vergessen, geht es doch häufig um ganz andere Fragen, insbesondere, wenn es dem Unternehmen gut geht. So steht im Mittelpunkt der Diskussion, ob Vorstände zu viel verdienen, ob Mitarbeiter glücklich sind oder nicht, ob eine betriebliche Altersversorgung besteht, ob im Ausland produziert wird, welche Bezugsquellen das Unternehmen hat, ob das Unternehmen als Sponsor oder Mäzen auftritt, ob es im Unternehmen sozial gerecht zugeht, ob Frauenquoten eingehalten werden und, und, und. Alles Themen, die jedes für sich wichtig sind und deren Diskussion lohnt, solange man anerkennt, dass der Unternehmenszweck Vorrang hat. Denn nur ein Unternehmen, das seinen Zweck erfüllt, ist in der Lage, die Grundlage zur Diskussion der zuvor genannten Themen zu bieten. Wenn der Kunde die Produkte/Dienstleistungen nicht mehr kauft, steht der Liquidator am Werkstor. Und das gilt für jedes Unternehmen, egal ob groß oder klein. Selbst Weltkonzerne können betroffen sein, wie die Vergangenheit zeigt. Dies sollte man nie vergessen.

Um Produkte herzustellen und Dienstleistungen zu erbringen, benötigt ein Unternehmen Personal. Mag dieser Satz fast schon banal klingen, so zeigt er doch die ursächliche Begründung für Personalarbeit, und dass sich Personalarbeit unmittelbar aus dem Unternehmenszweck herleiten lässt; es geht nicht um unwichtige Bürokratie, sondern um eine lebenswichtige Funktion des Unternehmens.

Etwas genauer gefasst heißt Personalarbeit, zu jedem Zeitpunkt dafür zu sorgen, dass das Unternehmen über die richtige Anzahl von Mitarbeitern mit der richtigen Qualifikation (Ausbildung, Erfahrung, Charakter) am richtigen Ort zu einem für das Unternehmen verträglichen Preis verfügt. Es geht also um Einstellungen und Entlassungen, Arbeitszeit, Arbeitsorganisation, Aus- und Weiterbildung, Karriere, Internationalität, Entgelt und Sozialleistungen, Arbeitnehmervertretungen, Steuer-, Sozialversicherungs- und Arbeitsrecht, Unternehmensleitlinien, Betriebsvereinbarungen und Arbeitsverträge.

1.1.2 Organisation der Personalarbeit

Damit liegt eine notwendige, aber noch keine hinreichende Begründung für eine Personalabteilung vor. Hinreichend wird Vorstehendes erst dann, wenn die Personalabteilung als zentrale Funktion Personalarbeit besser bewältigt als jeder Unternehmensbereich (nebenbei) für sich (dezentral).[2]

Für eine dezentrale Lösung spricht insbesondere die Nähe zum Geschehen. Notwendige Maßnahmen können schnell und aus Sicht des Bereiches optimal umgesetzt werden, Konflikte mit Bedürfnissen anderer Bereiche fallen weg, Engpässe in der Personalabteilung tangieren nicht. Das personalpolitische Paradies auf Erden? Nicht ganz. »Das Hemd sitzt näher als die Hose.« Für die Bereiche stehen naturgemäß deren eigene Interessen und die Lösung der Probleme vor

Ort im Vordergrund, nicht die des Unternehmens. Zudem können Konflikte zwischen Bereichs- und Unternehmensinteressen auftreten. Einige Beispiele: Eine isolierte Gehaltspolitik der Bereiche führt zu Verwerfungen und Konflikten im Unternehmen (in der Forschung wird besser bezahlt als im Vertrieb); Standards für die Qualität neuer Mitarbeiter werden unterlaufen (wir wissen, der Bewerber ist nicht ideal, aber wir brauchen unbedingt jemanden, etwas Besseres gibt der Arbeitsmarkt nicht her); Unternehmensregeln werden ausgehöhlt, weil Ausnahmen zur Regel werden; gute Mitarbeiter werden für andere Aufgaben nicht freigegeben usw.

Hinzu kommt der Mangel an Fachwissen. Auch wenn mancherorts die Meinung vorherrscht: »Personal kann jeder«, so ist das ein Trugschluss. Allein der richtige Umgang mit allen Gesetzen und Unternehmensrichtlinien schließt aufgrund von Umfang und Komplexität eine »Nebenbeiorganisation« aus. Eklatante Fehler und Versäumnisse wären die Folge. Zum Beispiel der richtige und erfolgreiche Umgang mit dem Betriebsrat, die richtige Einschätzung des Charakters eines Bewerbers, das alles setzt neben Studium und Fachwissen jahrelange Übung voraus, die dezentral nicht möglich ist, einfach weil es an Praxis fehlt.

Es sprechen also gewichtige Gründe für eine zentrale Lösung, um die Personalarbeit kompetent zu bewältigen.

Es gibt Unternehmen, die eine Mischform der Organisationen versuchen, indem sie die Personalabteilung kurzerhand zu einem Dienstleister der anderen Bereiche erklären. Gut gemeint, aber mit fatalen Folgen, denn die Personalabteilung degeneriert zu »everybody's darling« mit sehr negativen Folgen für das Gesamtunternehmen, eben weil bei den Bereichen Eigeninteressen dominieren.

Meine Empfehlung ist: Lassen Sie die Personalarbeit durch eine zentrale Personalabteilung erledigen. Bemessen Sie die Kapazitäten nicht zu knapp, auch wenn es sich um vermeintlich »unproduktive Bürokratie« handelt. Übergeben Sie die Verantwortung einem fähigen, erfahrenen Personalleiter, ernennen Sie ihn gegebenenfalls zum Arbeitsdirektor und unterstellen Sie ihn dem Vorstands- oder dem Geschäftsführungsvorsitzenden. Dies sind die Voraussetzungen für eine erfolgreiche Personalarbeit in guten wie in schlechten Zeiten.

Um Missverständnissen vorzubeugen: Wenn ich im Vorstehenden über das Thema zentrale oder dezentrale Personalabteilung diskutiert habe, so im Hinblick auf Organisation und Verantwortung, nicht mit Blick auf die räumliche Ansiedlung. Die Mitarbeiter der Personalabteilung gehören entsprechend ihrer Aufgaben dahin, wo die »Musik spielt«.

1.2 Welche grundlegenden Aussagen sind für den Umgang mit Mitarbeitern wichtig?

1.2.1 Das Unternehmen hat es mit im Grundsatz fertigen Persönlichkeiten zu tun

Menschen, die ins Unternehmen kommen, sind mindestens 16 Jahre alt oder (in der Regel) älter. Damit sind zum Zeitpunkt des Eintritts die Grundstrukturen von Körper und Geist entwickelt, das heißt, ob der Körperbau kräftig oder feingliedrig, ob der Geist schnell oder langsam, der Charakter integer oder labil, die Persönlichkeit gewinnend und zuvorkommend oder verschlossen ist, steht weitgehend fest. Umfang und Ausrichtung der Intelligenz, Grob- und Feinmotorik, der Grad von Ehrgeiz, Verantwortungsbewusstsein, Neugierde, Zuverlässigkeit, Sprachgewandtheit, Offen- oder Verschlossenheit; alles ist vorhanden und grundsätzlich definiert.

Der erste Leitsatz für das Verständnis für den Mitarbeiter lautet deshalb:

Das Unternehmen hat es mit im Grundsatz fertigen Persönlichkeiten zu tun.

Eine Veränderung ist, wenn überhaupt, nur mit enormem Aufwand möglich, den ein Unternehmen nicht sinnvoll leisten kann. Versuchen Sie einmal aus einem introvertierten einen extrovertierten Menschen zu machen, oder aus einem Legastheniker einen Germanisten, oder aus einem Menschen mit schlechter Feinmotorik einen Maler, oder aus einem unmusikalischen Menschen einen guten Klavierspieler usw.

Dies klingt wie eine Binsenweisheit, und so ist es auch, allerdings handelt es sich um eine, die allzu leicht vergessen wird: Fast jeder Personalbereich, der etwas auf sich hält, hat Mitarbeiter, eine Abteilung oder sogar einen Bereich, der oder die sich mit »Personalentwicklung« beschäftigt. Schwerpunkt ist dabei häufig, Defizite durch »geeignete« Maßnahmen zu beseitigen. »Die Nachwuchskraft N macht sich sehr gut. Nur in der Führung von Mitarbeitern tut sie sich etwas schwer. Sie benötigt ein Führungsseminar. Was gibt es denn da so?« So oder ähnlich habe ich es sehr häufig gehört. Das ist nicht zweckmäßig, weil es unmöglich ist. Personalentwicklung führt sich selbst ins Abseits, wenn sie sich um das Ausmerzen von Persönlichkeitsdefiziten oder -schwächen kümmert. Leider kommt das überwiegend vor, weil der Personalentwickler sich freut, dass er von der Fachabteilung angesprochen und um Hilfe gebeten wird. Er möchte nicht unhöflich sein und Nein sagen. Genau das müsste er aber. Personalentwicklung sollte sich ausschließlich um die Stärken und deren Ausbau kümmern und sich von der Personalentwicklung zur Persönlichkeitsentfaltung »entwickeln« (siehe hierzu im Einzelnen Kapitel 8).

1.2.2 Mitarbeiter sind Unikate

Kein Mitarbeiter ist wie der andere. Jeder Mensch unterscheidet sich von jedem anderen Menschen. Selbst für eineiige Zwillinge gilt das, wenn auch in abgeschwächter Form. Daraus ergibt sich Leitsatz zwei:

Die Mitarbeiter sind Unikate.

Wir haben es mit einmaligen Menschen zu tun, mit etwas Wertvollem, und entsprechend sollten wir handeln. Das heißt: Mitarbeitern und Kollegen mit Respekt und Höflichkeit entgegentreten, nicht laut werden, ausreden lassen, grüßen, Termine einhalten, Zeit nehmen, pünktlich sein, einen Platz anbieten, nicht in den Computer oder das Handy schauen, wenn ein anderer vorträgt, sich als Führungskraft nicht wichtiger nehmen als Mitarbeiter, gleichbehandeln[3] und im deutschsprachigen Raum nicht duzen. Alles Basics, aber schauen Sie sich einmal Ihr eigenes Verhalten an, alles immer eingehalten? Und wie sieht es in Ihrem Unternehmen aus? Ich kann nur empfehlen, Respekt, Anstand und Höflichkeit umzusetzen und von allen Mitarbeitern und Organen einzufordern. Wer sich nicht daran hält, muss mit Konsequenzen rechnen, egal wer er ist und wo er steht.

Wenn Sie das umsetzen, haben Sie den Grundstein für eine Unternehmenskultur gelegt, in der sich Menschen wohlfühlen. So einfach ist das und doch so schwer (siehe hierzu im Einzelnen Kapitel 12).

1.2.3 Mitarbeiter leben in einer komplexen Welt, von der das Unternehmen nur einen Teil ausmacht

Mitarbeiter leben in Familien, gehen im weitesten Sinn ihren Hobbys nach. Der Mitarbeiter wird seine Zeit und Energie für ein komplexes, vielschichtiges Umfeld aufteilen müssen. Daraus folgt Leitsatz drei:

Mitarbeiter leben in einer komplexen Welt, von der das Unternehmen nur einen Teil ausmacht.

Das Unternehmen hat den Mitarbeiter nicht für sich alleine, es muss ihn mit anderen Feldern teilen. Wie die Aufteilung aussieht, entscheidet der Mitarbeiter, und nur er, denn nur er kennt die Balance, die zu ihm passt. Das Unternehmen muss diese Entscheidung, die sich im Zeitverlauf durchaus ändern kann, respektieren. Es hat keinen Sinn, hier fundamentale Änderungen herbeiführen zu wollen. Das Gleichgewicht des Menschen würde gestört, häufig mit katastrophalen Folgen. Ehen scheitern, Entfremdung von den Kindern, innere Zerrissenheit und damit verbundene Erkrankungen. Aus einem Engagement aus dem Ungleichgewicht heraus wird Arbeitslast mit täglichem Wehklagen, wie vereinnahmend und ungerecht doch das Unternehmen ist. Und das dann bis zur Rente. Aber nicht nur der Mitarbeiter leidet, auch das Unternehmen, spätestens dann, wenn am Ende die innere Kündigung steht.

Um Missverständnissen vorzubeugen: Ein Unternehmen sollte die Balance eines Mitarbeiters respektieren, aber selbstverständlich muss es sie nicht akzeptieren. Dann kommen Mitarbeiter und Unternehmen eben nicht zusammen; es passt nicht, würde der Franke sagen. Das ist unproblematisch, solange beide Seiten die Freiheit und den Willen haben, sich einen anderen beruflichen Partner zu suchen. Und wenn nicht? Dann kann es sehr problematisch werden. Es beginnt ein langwieriger Prozess von Gesprächen, gegenseitigen Vorwürfen, Abmahnungen und am Ende die Kündigung, wobei ich hier ausdrücklich die innere Kündigung, sprich Resignation des Mitarbeiters, einschließe. Am Ende stehen Verlierer, niemals Sieger.

Gegen eine solche Situation gibt es kein Patentrezept, allerdings kann eine Führung, die ihr Interesse auf Ergebnis und Leistung des Mitarbeiters legt, die Leistungsvoraussetzungen schafft und die Entfaltung des Mitarbeiters zulässt und fördert, helfen, Eskalationen zur Kündigung zu vermeiden (vergleiche hierzu auch Kapitel 6).

Es kommt immer wieder vor, dass Unternehmen versuchen, die Balance von Mitarbeitern zu ihren Gunsten zu verschieben. Vor einigen Jahren berichtete mir ein befreundeter Personalleiter, dass sie die privaten Aktivitäten der Produktionsmitarbeiter durch eine freiwillige Umfrage ermittelt hätten. Die Ergebnisse seien erstaunlich. Es gäbe viel privates Engagement, von der freiwilligen Feuerwehr über den Vereinsvorsitz bis zum Mitglied im Gemeinderat. »Wenn man diese Potentiale für die Firma heben könnte, brächen goldene Zeiten an«, so mein Bekannter. In diesem Zusammenhang fragte ich, ob man mit den Leistungen der Mitarbeiter unzufrieden sei, ob die Arbeitsqualität nicht stimme oder die Krankenquote zu hoch sei. Alles drei war nicht der Fall, aber natürlich ginge alles noch besser. Ohne ins Detail zu gehen und um es kurz zu machen, hier das ernüchternde Ergebnis: Mit viel Geld und jeder Menge Beraterstunden versuchte man sein Glück, die Mitarbeiter noch mehr für das Unternehmen zu interessieren. Anfangserfolge stimmten positiv, als die Berater weg waren, schlief die Sache ein. Die Geschäftsführung war nicht erfreut und warf der Belegschaft Unwillen vor, diese wiederum fühlte sich falsch beurteilt. Zurück blieben Zerwürfnisse, die erst mit der Zeit überbrückt wurden. Der Fehler war klar: Man dachte, man würde brachliegende Potentiale heben. Die aber gab es nicht oder nur sehr eingeschränkt, sodass die Ausweitung der Unternehmensbelange zu Lasten anderer Lebensbereiche der Mitarbeiter ging. Und das ohne Not, denn die Mitarbeiter erbrachten eine gute Leistung.

Die Balance zwischen Privatem und Unternehmen zu finden, ist nicht leicht. Wenn es einer kann, dann der Mitarbeiter. Das Unternehmen kann es sicherlich nicht, aber es kann den Mitarbeiter unterstützen, sein Gleichgewicht auszutarieren, indem es möglichst viele und weitreichende Freiräume gewährt (vergleiche hierzu im Einzelnen Kapitel 2).

1.2.4 Sprachliche Kommunikation ist (fast) immer zweiseitig

Vorstehender Leitsatz 4 beruht auf folgenden Überlegungen:

Die Evolution hat uns die Sprache geschenkt. Sie ist der Grundstein für unsere überlegene Kommunikationsfähigkeit. Sie erlaubt uns, sehr genau und differenziert Wissen weiterzugeben, Zustände zu beschreiben, Gefühle auszudrücken und zusammenzuarbeiten. Dies ist die Voraussetzung für gemeinsame Leistungen, die nur der Mensch vollbringen kann.[4] Diese sprachliche Kommunikation erfolgt nicht einseitig, sondern gegenseitig. Jeder Gesprächsteilnehmer trägt etwas bei.

Für Personalarbeit, insbesondere wenn es um Führung geht, ist es von besonderer Wichtigkeit zu erkennen, dass Kommunikation zweiseitig ist. Wenn Führungskraft und Mitarbeiter ein Gespräch führen, *führen* beide. Beide sind sowohl Sender als auch Empfänger. Wenn aber beide Gesprächsteilnehmer führen, dann ist die klassische Rollenverteilung zwischen Führungskraft und Mitarbeiter so nicht anzutreffen, sie ist Fiktion. Die Grenzen zwischen Führungskraft und Mitarbeiter verwischen im Gespräch. Da moderne Führung heute überwiegend per Gespräch und nicht per Befehl und Gehorsam erfolgt, stellt sich die Frage, ob nicht alle Mitarbeiter Führungskräfte sind, und zwar nicht, weil jeder Vorgesetzte auch einen Vorgesetzten hat, sondern weil Kommunikation zweiseitig ist. Mutatis mutandis gilt das natürlich auch für den schriftlichen Dialog und die Körpersprache.

Vor diesem Hintergrund wird das Thema Führung neu und abseits gängiger Führungstheorien besprochen werden (vergleiche hierzu im Einzelnen Kapitel 6).

Neben den vorstehenden vier Leitsätzen möchte ich noch drei Tendenzaussagen vorstellen, die aus meiner Sicht für die Ausrichtung der Personalarbeit wichtig sind.

1.2.5 Erfolg hilft

Ich kenne kaum einen stärkeren Motivator als Erfolg. Auch schwere Arbeit wird leichter, wenn sie von Erfolg gekrönt ist.

Es gibt den großen Erfolg, auf den man lange hingearbeitet hat. Er schafft ein Hochgefühl, aber er hat zwei Seiten, denn häufig folgt nach dem Erfolg eine Leere. Was kommt danach?

Der kleine Erfolg ist weniger spektakulär, deshalb aber nicht weniger angenehm, denn er tritt viel häufiger auf, manchmal kontinuierlich. Dazu gehört zum Beispiel die tägliche erfolgreiche Abwicklung der Arbeit. Das Werk ist getan, man kann beruhigt und zufrieden nach Hause gehen. Diese Form des Erfolges ist extrem wichtig, führt er doch zu einer Motivation, Identifikation und Zufriedenheit mit der Arbeit auf breiter Front. Um dies zu erreichen, muss man die Arbeitsabläufe und Arbeitsmengen sehr genau kennen, denn Übergenauso wie Unterforderung sind die Killer des kleinen Erfolges schlechthin. Wie die Organisation dem Rechnung tragen kann, wird in Kapitel 6 aufgezeigt.

Der Erfolg kann individuell oder gemeinschaftlich sein. In unserem Kulturkreis spielt individueller Erfolg eine sehr wichtige Rolle. Er wird von vielen Mitarbeitern, insbesondere von Leistungsträgern, höher eingeschätzt als gemeinschaftlicher Erfolg. Man sollte sich deshalb davor hüten, individuelle Erfolge zu sozialisieren. Gerade im Bereich der Teamarbeit besteht diese Gefahr, verbunden mit erheblichen Problemen, die zum Scheitern des Teams führen können, weil Leistungsträger frustriert werden, die ihren Erfolg nicht als Teamerfolg deklariert sehen möchten (vergleiche hierzu im Einzelnen Kapitel 9).

Überwiegend, wenn auch zum Teil mit etwas Mühe, lässt sich Erfolg einzelnen Mitarbeitern zuordnen. Einen glasklaren gemeinschaftlichen Erfolg gibt es aber auch: den Unternehmenserfolg. Er ist der Stimmungsaufheller des Unternehmens. Spätestens wenn Sie bei einem erfolgreichen und zum Vergleich bei einem nicht erfolgreichen Unternehmen zu Besuch waren, wissen Sie, was ich meine. Man spürt es mit jeder Faser, die Stimmung in einem erfolgreichen Unternehmen ist positiv. Es gibt keine Arbeitsplatzsorgen, man hat genug zu tun, die Mitarbeiter kümmern sich um ihre Aufgaben und nicht um Gerüchte, Unternehmenswachstum bringt neue Chancen für Aufstieg und Erfolg, Qualifikation und neue, interessante Aufgaben sind leichter zu organisieren.

1.2.6 Vertrauen muss sein

Eine gedeihliche Zusammenarbeit ist ohne Vertrauen nicht möglich. Vertrauen ist damit Basis unserer arbeitsteiligen Welt, die wiederum Grundlage unseres Wohlstands ist. Wir benötigen Vertrauen überall, gegenüber Zulieferern bezüglich Qualität, Quantität und Liefertreue, gegenüber Kollegen, dass sie korrekt und vollständig informieren, gegenüber Vorgesetzten in Bezug auf Fairness, Hilfestellung und Zusammenhalt usw.

Vertrauen entsteht durch positive Erfahrungen. Deshalb dauert es etwa zwei bis drei Jahre, bis eine Vertrauensbasis geschaffen ist. Vertrauen erwirbt man nicht, Vertrauen bekommt man von anderen entgegengebracht. Es gibt Mitarbeiter, denen viele vertrauen und mit denen man gerne zusammenarbeitet. Sie werden angerufen, wenn es schwierig wird, ihnen überträgt man Aufgaben.

Sie sind es, deren Namen immer wieder genannt werden, wenn Wichtiges und Herausforderndes ansteht.

Wie wird man »Vertrauter«, was ist das Besondere, das diese Mitarbeiter kennzeichnet? Ein sehr hohes Fachwissen, absolute Verlässlichkeit sowie »Fleiß, Pünktlichkeit und Ehrlichkeit.«[5] Es klingt etwas hausbacken, in die moderne Managementsprache übersetzt bedeutet es aber: Der Mitarbeiter ist hoch qualifiziert, sehr engagiert. Er ist gut organisiert und hält deshalb externe und interne Termine ohne Verspätung ein. Er besitzt die Gabe, sich realistisch einzuschätzen, eine Voraussetzung, um Termine zur Abgabe einer Arbeit zuzusagen, die realisierbar sind. Er steht zu seiner Arbeit und wirft nicht Nebelkerzen, wenn etwas schiefgegangen ist. Diesen Mitarbeitern vertraut man, und mehr noch, aus meiner Erfahrung heraus können sie ihre Karriere kaum verhindern.

1.2.7 Normal ist Standard

Der Personalvorstand eines großen Konzerns besprach mit mir seine Recruitingstrategie und erklärte voller Stolz: »Wir suchen nur die Besten.« Dies war selbstverständlich für Bewerber auf Hochglanzpapier schriftlich dokumentiert. Als ich sagte, meine Erfahrung mit Mitarbeitern des Konzerns würde eine gute Qualität bestätigen, ausschließlich Genies hätte ich aber nicht angetroffen, antwortete er durchaus schlagfertig, man habe mit dem neuen Maßstab in der Personalbeschaffung erst gerade begonnen. Meine weitere Frage, wie er sicherstelle, dass er im Gleichklang mit dem Anspruch, die Besten einzustellen, die besten Arbeitsplätze anbiete, ließ er unbeantwortet.

Wenn man sich Mitarbeiter mit ihren Fähigkeiten, ihrem Charakter und ihren Arbeitsergebnissen unvoreingenommen ansieht, so erkennt man, dass manche weit überdurchschnittlich, andere aber auch unterdurchschnittlich sind. Beide Mitarbeitergruppen sind in der Minderheit, sie machen, je nach Grenzziehung, jeweils zwischen fünf und fünfzehn Prozent aus. Die Majorität der Mitarbeiter von siebzig bis neunzig Prozent ist der Durchschnitt, das Normale oder eben der Standard. Im Prinzip verteilt sich die Qualität der Mitarbeiter entsprechend der Gaußschen Normalverteilung, die von Unternehmen zu Unternehmen auf der Abszisse mal etwas mehr links, mal etwas mehr rechts liegt.

Normale Mitarbeiter sind die mit konstant befriedigender bis guter Leistung, die mit ihrer Arbeit zufrieden sind, die zum Teil Ideen einbringen und bereit sind, wenn es darauf ankommt, Überstunden zu leisten, die sich mit ihrem Unternehmen identifizieren und ihm über viele Jahre die Treue halten.

Es sind die Mitarbeiter mit dünner Personalakte.

Sie stehen häufig nicht im Fokus der Personalarbeit, denn, wie eingangs erwähnt, man sucht ja die Besten. Das aber ist falsch, denn der normale Mitarbeiter bilden das Rückgrat des Unternehmens. Und ohne Rückgrat steht es sich bekanntlich schlecht. Die Personalabteilung muss den normalen Mitarbeiter mehr ins Blickfeld nehmen, die Personalarbeit an seinen Bedürfnissen stärker ausrichten, nicht am Drückeberger, nicht am Schlechtleister und individuell am Überflieger.

Nun zeigt sich auch die Brisanz der Aussage des Kollegen und vieler anderer, die nur die Besten wollen, damit aber die Mehrheit ihrer Belegschaft düpieren.

Zudem stellt sich die Frage, ob die Besten zu den Besten wollen, denn unter Besten ist der Beste Normalität. Wer von den Besten will das schon?

Meine Erfahrung ist: Gutes zieht Gutes nach und Durchschnitt Durchschnitt. Die Besten aber nicht in jedem Fall die Besten, eben um nicht in die »Normalitätsfalle« zu tappen. Eine Ausnahme besteht allerdings dann, wenn der beste Kollege zum eigenen Vorteil (zum Beispiel zum Ruhm) beiträgt. Dies findet man zum Beispiel an Universitäten von Weltgeltung vor. Als hervorragender Wissenschaftler kann einem nichts Besseres passieren, als an einer Universität mit möglichst mehreren Nobelpreisträgern zu arbeiten, auch wenn man dann nicht der Beste ist.

2 Freiheit als Grundeinstellung

Wie schafft man es, die Belange und Bedürfnisse von Hunderten oder auch Tausenden von Unikaten (Mitarbeitern) mit den berechtigten Interessen des Unternehmens in Einklang zu bringen?

Mitarbeiter sind verantwortliche Persönlichkeiten, die selbst am besten wissen, welche Wünsche und Forderungen sie mit ihrer Tätigkeit verbinden. Sie wissen, was sie wollen. Unter dieser Prämisse ist es nur logisch, dem Einzelnen so weit wie möglich Freiräume einzuräumen, damit er seine Belange verwirklichen kann. So weit wie möglich bedeutet nicht grenzenlos. Die Grenzen liegen da, wo der Unternehmenszweck gefährdet wird, wo Kosten ohne Produktivitätsvorteile steigen und die Wettbewerbsfähigkeit eingebüßt wird. Dies läuft den Interessen des Unternehmens, aber auch denen der Mitarbeiter entgegen, weil Arbeitsplätze in Gefahr geraten. Die Grenzen liegen aber auch da, wo die Freiheit des Mitarbeiters in unverantwortlicher Weise zu Lasten anderer Mitarbeiter geht. Und selbstverständlich auch dort, wo »Recht und Ordnung« überschritten werden.

Die Grenzen der Freiheit auszutarieren ist nicht einfach. Letztlich ist es ein ständiger Prozess. Insbesondere der technische Fortschritt erschließt immer wieder neue Möglichkeiten. Wer hätte vor einigen

Jahren schon an Home-Arbeitsplätze als sich immer weiter etablierende Organisationsform gedacht?

Freiheitsgrad und Freiheitsspektrum sind bei Mitarbeitern nicht gleich. Dies hängt mit der Art der Arbeitsplätze zusammen. So wird man zum Beispiel einem Produktionsmitarbeiter in der Regel keinen Home-Arbeitsplatz anbieten können, im Verwaltungsbereich mag das Homeoffice, zumindest zeitweise, durchaus möglich sein. Mit diesen Unterschieden muss man leben, sie dürfen kein Argument gegen mehr sinnvolle Freiheit sein. Hier werden keine »Gerechtigkeitslücken« aufgebaut.

Und noch etwas: Freiheit heißt natürlich auch, die Freiheit zu haben, diese nicht zu nutzen.

Um Freiheit zu gewähren, benötigt man (einmal mehr) Vertrauen, dass Freiraum nicht missbraucht wird. Wer dieses Vertrauen nicht hat, wird Freiheit nicht wirklich, sondern wenn überhaupt, nur vordergründig geben. Ein gutes Beispiel hierfür ist die Gleitzeit mit Zeiterfassung (vergleiche im Einzelnen Kapitel 3). Die Folge ist eine Misstrauenskultur mit weitreichenden Nachteilen. Nach meinen Beobachtungen lohnt es sich, zu vertrauen und Freiräume zu gewähren, denn man gewinnt zufriedene Mitarbeiter, ein Wettbewerbsvorteil, der nicht leicht zu imitieren ist.

An dieser Stelle möchte ich es bei den vorstehenden Zeilen, einem eher allgemeinen Appell für die Freiheit in der Arbeitswelt, belassen. Auf den nächsten Seiten, wenn es um die Personalarbeit im Detail geht, werde ich Stück für Stück zeigen, wie Instrumente gestaltet werden können, um dem Anspruch Freiheit gerecht(er) zu werden. Verraten sei aber schon jetzt, dass die Gestaltung der Personalinstrumente, orientiert an der Freiheit der Mitarbeiter, zu ihrer starken Vereinfachung und Entbürokratisierung führt.

3 Zeit

Arbeitszeit mag aktuell nicht das spannendste Feld der Personalarbeit sein. Gleichwohl möchte ich sie an den Anfang der zu besprechenden Personalinstrumente stellen, denn man kann hier anschaulich zeigen, wohin fehlendes Vertrauen in die Belegschaft und ein falsches Verständnis von Arbeitszeit führen und wie schwierig und langwierig Korrekturen sind.

3.1 Zeiterfassung

Verstärkt in den 70er und 80er Jahren des letzten Jahrhunderts wollten Unternehmen den Mitarbeitern mehr Freiräume geben und führten unter anderem einen flexiblen Arbeitsbeginn und ein flexibles Arbeitsende, die sogenannte Gleitzeit, ein. Begann man mit der täglichen Flexibilisierung, so »knöpfte« man sich schon bald Wochen-, Monats-, Jahres- und letztlich die Lebensarbeitszeit vor. Das Credo wurde nun, nicht nur der Mitarbeiter sollte mehr Freiraum bekommen, sondern auch das Unternehmen, man träumte von der atmenden Organisation: Gearbeitet werden sollte, wenn Arbeit da ist, sonst nicht.

Profitiert haben von diesem »Arbeitszeithype« nicht Mitarbeiter und Unternehmen, sondern gut beschäftigte Arbeitszeitberatungen und Juristen, die sich in einer Vielzahl von häufig mehrinstanzlichen gerichtlichen Auseinandersetzungen profilieren konnten. Hinzu kamen Computer- und Softwareindustrie, die es mit immer moderneren Geräten und Tools schafften, jede Komplexität der Arbeitszeiterfassung und -verwaltung abzubilden. Und schließlich bekam die Personalabteilung ein neues Betätigungsfeld. Sie musste sich fortan mit Zeiterfassung, -verwaltung, -überträgen und -konten sowie der Schulung von Zeitbeauftragten etc. befassen. Betriebsvereinbarungen wurden abgeschlossen, umfangreiche Durchführungsverordnungen zur Gleitzeit erstellt, in denen es zum Beispiel um die »wichtige« Frage ging, ob ein Arztbesuch den Zeitsaldo belastet oder nicht. Im Unternehmen wurden viele Ressourcen gebunden und Energie aufgewandt. Aus einer ursprünglichen Nebensache (Arbeitszeit) wurde zwar nicht die schönste, aber die wichtigste Nebensache der Welt.

Der erste grundlegende Fehler wurde ganz am Anfang gemacht. Man wollte die Gleitzeit für Mitarbeiter, aber nur mit Zeiterfassung. Man ging davon aus, dass Mitarbeiter die Gleitzeit zu Lasten des Unternehmens ausnutzen würden, wenn es über die Zeiterfassung nicht eine wirksame und lückenlose Kontrolle gäbe. Ohne Zeiterfassung wäre dem Missbrauch der Gleitzeit Tür und Tor geöffnet. Natürlich würde nicht jeder Mitarbeiter die unkontrollierte flexible Arbeitszeit zu seinen Gunsten nutzen, indem er weniger als vertraglich vereinbart arbeitete, immerhin kannte aber jeder Entscheidungsträger mindestens einen Mitarbeiter, von dem er das glaubte. So hatte man zum

Beispiel schon mal jemanden beim Einkauf oder beim Friseur während der regulären Arbeitszeit gesehen. Und das reichte, um einen umfangreichen Kontrollmechanismus einzuführen, zumal man befürchtete, dass negative Beispiele Schule machen würden. Dass die erdrückende Mehrheit der Mitarbeiter ihre Zeitverpflichtungen auch ohne Zeiterfassung einhielten oder übererfüllten, wie sie über viele Jahre gezeigt hatten, wurde nicht gesehen. Man dokumentierte mit der Zeiterfassung offen Misstrauen gegenüber der Belegschaft. Die Folgen für die Unternehmen waren und sind sehr teuer und gehen volkswirtschaftlich in die Milliarden, wie wir noch sehen werden. Und das alles, weil Unternehmensführungen misstrauten und nicht vertrauten.

Im Einzelnen: Am Anfang waren Betriebsräte und Gewerkschaften nicht begeistert, sie sahen in der Zeiterfassung ein Kontrollinstrument, welches sie nicht wollten. Dass sie dennoch zustimmten, lag daran, dass die Unternehmen an anderer Stelle Zugeständnisse machten. Für die Mitarbeiter bedeutete der Wandel, dass sie nicht mehr nur ihre Arbeit, Leistung und Verantwortung im Blick haben mussten, sondern nunmehr zumindest mit einem Auge auf die Arbeitszeit zu schielen hatten. Immerhin hatte das Unternehmen die Zeit in den Rang eines wichtigen Ziels erhoben, das minutengenau zu erfassen und zu erfüllen ist. Vielen Mitarbeitern wurde klar, dass nicht mehr ihr Arbeitsergebnis (Output) im Wesentlichen zählte, sondern ihre Arbeitszeit (Teil des Inputs) gleichwertig gesehen

wurde. Dies widerspricht allen relevanten wirtschaftlichen Gesetzen. Wieso es ausgebildete Ökonomen
an den Unternehmensspitzen trotzdem zuließen, ist
unverständlich.

Gingen ohne Zeiterfassung fünf, zehn oder fünfzehn
Minuten tägliche Mehr- oder Minderzeiten »im Rau-
schen« unter, so zeigten diese nunmehr »dank« Zeiterfassung massive Wirkung. Geht man von fünf Minuten
morgendlicher und fünf Minuten abendlicher Mehrzeit,
die zum Beispiel dem Weg von der Zeiterfassung zum
Arbeitsplatz und zurück geschuldet sind, aus, so ergibt sich bei 220 Arbeitstagen ein Zeitplus von 2 200
Minuten. Das sind 4,5 Gleittage pro Jahr. Ergibt sich
der positive Zeitsaldo aus der Addition eher homöo-
pathischer Zeiteinheiten, die für Produktivität und Ergebnis des Unternehmens eine zu vernachlässigende
Wirkung haben, so sieht es beim Zeitabbau allerdings
ganz anders aus, da dieser regelmäßig über Gleittage
erfolgt. Und diese kosten Geld.

Zwei einfache Rechenbeispiele sollen das verdeutlichen. Im ersten Fall unterliegen in einem Unternehmen 3 000 Mitarbeiter der Gleitzeit mit Zeiterfassung.
Bleiben wir beim obigen Beispiel, so hat jeder Mitarbeiter am Ende des Jahres 4,5 Gleittage, das sind bei
3 000 Beschäftigten 13 500 Gleittage. Bewertet man
diese mit 400 € pro Tag, so ergibt sich eine Summe
in Höhe von 5 400 000 € zusätzlichen Kosten. Hinzu
kommen Kosten für die Verwaltung der Gleitzeit, also
Zeitbeauftragte in den Abteilungen, Hard- und Soft-

ware, Supervisor Gleitzeit in der HR-Abteilung, summa summarum sicherlich noch einmal 1 000 000 €, sodass der Aufwand bei stolzen 6 400 000 € liegt. Diese Schätzung halte ich für eher konservativ und keinesfalls für übertrieben.

Im zweiten Fall haben von vierzig Millionen Beschäftigten in der Bundesrepublik Deutschland zehn Millionen Gleitzeit mit Zeiterfassung. Unter sonst gleichen Bedingungen ergeben sich 45 000 000 Gleittage mit einem Aufwand von 18 000 000 000 €, in Worten achtzehn Milliarden Euro. Nimmt man auch hier die Durchführungskosten der Gleitzeit hinzu, so ergibt sich ein geschätzter volkswirtschaftlicher Aufwand von ca. zwanzig Milliarden Euro.

Die Zahlen sprechen, so denke ich, für sich und verdeutlichen ein Problem der Gleitzeit mit Zeiterfassung, nämlich dass kleine Zeiteinheiten sich zu einem stattlichen Berg von Zeitguthaben summieren, der in der Regel in größeren Einheiten (Gleittagen) abgebaut wird. Durch diesen Größenunterschied zwischen den Auf- und Abbaueinheiten entsteht eine Diskrepanz zwischen Mehrleistung, die kaum spürbar ist, und Mehrkosten, die deutlich ins Gewicht fallen. Ich kenne kein Unternehmen, das nicht unter der Menge an Gleittagen leidet.

Um die Flut von Gleittagen einzudämmen, verlängerte man die Intervalle des möglichen Zeitabbaus bis hin zur Lebensarbeitszeit. Dies führte zu bizarren Zuständen. So verfügen Mitarbeiter nicht selten über mehrere Zeitkonten (z. B. Kurzzeit-, Langzeit-, Lebensarbeitszeitkonto), die natürlich gepflegt werden müssen. Geholfen hat das nicht.

Auch die Vorstellung einer atmenden Organisation ist Wunschdenken und hat mit der Realität wenig zu tun. Um im Bild zu bleiben, die Organisation atmet von alleine ein, aber nicht von alleine aus, denn welcher Mitarbeiter bleibt zu Hause, wenn er zu wenig Arbeit hat? Keiner, denn niemand will sich eingestehen, ohne ausreichend Arbeit zu sein. Außerdem mögen Mitarbeiter Zeitpolster, sie sehen es wie Erspartes, das Sicherheit gibt und Anerkennung verspricht. Das Zeitguthaben wird zum Ziel des Mitarbeiters.

Es bleibt festzuhalten: Mangelndes Vertrauen in die Belegschaft hat einen hohen Preis. Wer seine Personalinstrumente zum Thema Zeit nicht an der klaren Mehrheit der Mitarbeiter, sondern an der Minderheit Unzuverlässiger ausrichtet, der bekommt es mit hohen Kosten, Zeitbürokratie, unerwünschtem Zeitverhalten und einer Neuorientierung der Mitarbeiter weg von Leistung hin zu Anwesenheit zu tun.

3.2   Anwesenheitszeit

Und damit sind wir beim zweiten Problemfeld der Zeit.

Anwesenheitszeit ist die Zeit, die man tatsächlich im Unternehmen verbringt. Arbeitszeit ist die Zeit, die man wirklich arbeitet. Mit »wirklich arbeiten« meine ich: hoch konzentriert, ohne Ablenkung, mit voller Energie seiner Tätigkeit nachgehen. In der Arbeitswelt wird folgender Zusammenhang unterstellt:

Anwesenheitszeit minus Pausenzeit ist Arbeitszeit.

Stimmt diese Gleichung, zumindest ungefähr? Die Beantwortung dieser Frage ist wichtig, denn nur wenn dieser Zusammenhang besteht, kann man über Zeiterfassung auf Arbeitszeit schließen. Sie hat zwar nicht die ökonomische Relevanz von Leistung und Ergebnis, immerhin besteht aber meistens eine hohe Korrelation zwischen Arbeitszeit und Leistung. Anwesenheit dagegen ist wirtschaftlich völlig irrelevant. Anwesenheit zu messen, ohne die Arbeitszeit bestimmen zu können, ergibt keinen Sinn.

Einen möglichen Unterschied zwischen Arbeitszeit und Anwesenheitszeit, der über die Pausen hinausgeht, gegenüber Belegschaft und Betriebsrat zu thematisieren, ist heikel. Fast reflexartig wird unterstellt, man hielte die Mitarbeiter für faul. Es geht aber nicht um die Frage »faul oder nicht«, sondern um die Sinnhaftigkeit der Zeiterfassung. Lässt sie einen korrekten Rückschluss auf die Arbeitszeit zu oder misst man mit viel Aufwand ökonomisch irrelevante Zeiten? Für Letzteres spricht viel, wie die folgenden Überlegungen zeigen, obwohl sie nur eine Auswahl von Argumenten gegen Anwesenheitserfassung sind.

Jeder kennt Prüfungen. Nehmen wir eine Gesellenprüfung. Hier muss ein Gesellenstück innerhalb von fünf Stunden erstellt werden. Das ist sehr anstrengend. Man muss sich konzentrieren und darf gedanklich nicht abschweifen, nicht einmal innehalten. Man arbeitet hoch konzentriert ohne die kleinste Pause. Es handelt sich um eine Sondersituation, die man nicht jeden Tag wiederholen kann. Aber nach vorstehender Definition sind genau diese fünf Stunden Arbeitszeit.

Viele Leser erinnern sich lebhaft an die Abitur- und Diplomprüfungen, pro Fach fünf Stunden Zeit. Auch hier war man in einer besonderen Situation. Wenn man gut vorbereitet war, sein Wissen ohne Zögern abrufen und zu Papier bringen konnte, schaffte man die Prüfungen. Es war anstrengendes Arbeiten ohne inhärente Pause, das man, obwohl jung, nicht hätte beliebig wiederholen können. Eben »echte« Arbeitszeit.

Beide vorstehenden Überlegungen aus unserem unmittelbaren Erfahrungsbereich zeigen, dass Arbeitszeit für die Beschreibung von Sondersituationen, wie zum Beispiel Prüfungen oder auch besonderen beruflichen Herausforderungen, geeignet ist, nicht aber für den normalen Arbeitsalltag, der ruhiger abläuft und ablaufen muss, will ein Mensch ihn langfristig bewältigen. Wir finden Anwesenheitszeit im Unternehmen vor, nicht Arbeitszeit, weil es nicht anders geht.

Ein weiteres Argument für das Auseinanderklaffen von Anwesenheits- und Arbeitszeit, insbesondere bei

Vollzeitkräften, sind Teilzeitkräfte, denn ich konnte immer wieder beobachten, dass diese in fünf bis sechs Stunden täglicher Arbeitszeit im Wesentlichen die gleichen Arbeitsleistungen erbrachten und erbringen wie Vollzeitkräfte. Anwesenheitszeit und Arbeitszeit bei Teilzeitbeschäftigten liegen deutlich enger beieinander als bei Vollzeitbeschäftigten. Nur so ist es erklärbar, dass Teil- und Vollzeit häufig die gleichen Arbeitsergebnisse zeigen. Teilzeitkräfte sind aufgrund ihrer kürzeren Anwesenheit in der Lage, ein höheres Tempo zu gehen und damit eine bessere Arbeitseffizienz zu erreichen. Das Problem der Teilzeit liegt nicht in mangelnder Effizienz, ganz im Gegenteil. Es liegt, wenn überhaupt, in knapperen Ansprechzeiten und zum Teil höheren Schwierigkeiten, Arbeit und Privates unter einen Hut zu bringen, was der jeweiligen Lebenssituation geschuldet ist.

Die Einführung des allgemeinen Rauchverbots in Unternehmensräumen zeigte ein auf den ersten Blick erstaunliches Phänomen: Die Arbeitsergebnisse der Raucher litten nicht, und das, obwohl der Zeitaufwand für das Rauchen merklich stieg. Nehmen wir zur Illustration einen Raucher, der fünfzehn Zigaretten außerhalb der offiziellen Pausen täglich raucht. Er sucht nunmehr fünfzehnmal eine Raucherzone auf. Der damit verbundene Mehraufwand beträgt pro Zigarettenpause sicherlich zehn Minuten (Hin- und Rückweg zur Raucherzone, Rauchen, ohne am Arbeitsplatz weiter arbeiten zu können, Unterbrechung des Arbeitsprozesses), täglich also 150 Minuten oder gut zwei Stunden. Die Erklärung liegt auf der Hand, der Raucher mobilisiert am Arbeitsplatz Reserven und arbeitet schneller. Er agiert quasi wie eine verkappte Teilzeitkraft, die mit mehr Effizienz am Arbeitsplatz tätig ist, wobei der Raucher durch seine Raucherpausen dazu in der Lage ist.

Diese Beobachtungen sprechen nicht gegen Vollzeit-mitarbeiter oder Nichtraucher, sie zeigen nur, dass es zwischen Anwesenheit und Arbeitszeit Differenzen gibt, die, und hier wiederhole ich mich, unvermeidbar, weil notwendig, sind. Wir sind Menschen und keine Roboter.

Diese Beispiele dokumentieren, dass Arbeiten ohne Pausen, und damit meine ich nicht Frühstücks- und Mittagspause, sondern die kleinen, dem normalen Arbeiten inhärenten Pausen durch Innehalten, Ab-lenkungen und Unterbrechungen, dauerhaft für den Menschen nicht möglich ist. Das gilt insbesondere für in Vollzeit tätige Mitarbeiter. Ein Mensch, der vierzig Jahre arbeitet, erbringt in dieser langen Zeit eine gi-gantische Leistung. Dies ist nur möglich, weil er mit in-härenten Arbeitspausen und -unterbrechungen seine Leistung erbringt. Ich schätze, dass eine sieben- bis achtstündige Vollzeitarbeit mehr oder weniger einer echten Arbeitszeit von fünf bis sechs Stunden ent-spricht. Letztere kann der Mensch dauerhaft erbrin-gen und damit erstaunliche Lebensleistungen liefern.

Um es auf den Punkt zu bringen, zwischen Anwesen-heitszeit und Arbeitszeit besteht eine Differenz von konservativ ein bis zwei Stunden täglich, oder etwa zwanzig Prozent. Das ist kein Argument, Gehalt zu kürzen oder Mitarbeiter für faul zu halten. Es ist ein Argument dafür, Mitarbeiter für Menschen zu halten, deren Arbeit inhärent Pausen beinhaltet, die aber gerade deshalb in der Lage sind, über längere Zeit als die meisten Maschinen und Roboter hervorragende Ergebnisse zu erzielen. Und die werden letztlich durch den Kunden bezahlt. Es besagt nur: Über Anwesenheit misst man keine Arbeitszeit. Deshalb kann mit Anwesenheit aus ökonomischer Sicht niemand etwas anfangen.

Zum Abschluss noch ein Beispiel für meine These, allerdings aus der Medizin, dem ich einen Sketch von Loriot vorschalten möchte:

Hermann? – Ja. – Was machst du da? – Nichts. – Nichts? Wieso nichts? – Ich mache nichts. – Gar nichts? – Nein. – Überhaupt nichts? – Nein. Ich sitze hier. – Du sitzt da? – Ja. – Aber irgendwas machst du doch? – Nein. – Denkst du irgendwas? – Nichts Besonderes. – Es könnte ja nicht schaden, wenn du mal etwas spazieren gingest. – Nein, nein. – Ich bringe dir deinen Mantel! – Nein, danke! – Aber es ist zu kalt ohne Mantel! – Ich gehe ja nicht spazieren.

Hermann möchte seinen Gedanken nachhängen, er möchte tagträumen. Dieses Bedürfnis hat nicht nur Hermann, sondern jeder Mensch, und zwar täglich. Fachleute sprechen hier von »aufgabenunabhängigem Denken« (task-unrelated thought). Das Gehirn befreit sich ein Stück weit von willentlicher Anspannung; der Kopf wird frei, gibt Raum für Gedanken, die kein Ziel und keine Richtung mehr haben. Nach den Erkenntnissen des britischen Psychologen Jonathan Smallwood verbringt jeder Mensch zehn bis zwanzig Prozent seiner Zeit mit Tagträumerei. Diese ist über den Tag verteilt, hat ihren Schwerpunkt aber nachmittags.[6]

3.3 Auswege aus der Zeitfalle

In die Zeitfalle zu tappen war gar nicht so schwer, sie zu verlassen ist dagegen nicht einfach. Die Geister, die man rief, wird man nicht mehr so schnell los. Waren die Mitarbeiter am Anfang der Zeitkontrolle gegenüber negativ eingestellt, so ist die Stimmung, man möchte fast sagen, in Liebe umgeschlagen. Man hat die Vorteile erkannt. Kontrolle tut nicht weh, Zeitsalden für Gleitzeittage können durch kleine, kaum merkbare tägliche Zeitüberschüsse erworben werden, man erhält mit dem monatlichen Zeitprotokoll einen schriftlichen Nachweis über seine Anwesenheit, die nur allzu gerne mit Engagement verwechselt wird. Das einzige, was man nicht macht, ist seine tägliche Anfangs- und Endzeit zu variieren.

Wenn man dem ökonomischen »Wahnsinn« der Zeiterfassung ein Ende bereiten will, geht das nur radikal. Schaffen Sie Zeiterfassung und Zeitkontrolle ab. Und wenn Sie schon einmal dabei sind, trennen Sie sich von Urlaubserfassung und geben Sie, soweit technisch möglich, den Arbeitsort frei (Stichwort Homeoffice). Handeln Sie gegen alle Widerstände. Schaffen Sie Freiräume für die Mitarbeiter und bringen Sie der Belegschaft Vertrauen entgegen. Es lohnt sich. Sie werden aber nicht nur Zustimmung erhalten, sondern auch Gegenwind spüren, von Teilen der Mitarbeiter, wahrscheinlich vom Betriebsrat, möglicherweise von Wirtschaftsprüfern, weil sie die Dokumentationspflichten in Frage gestellt sehen, und natürlich einmal mehr von Vorständen und Geschäftsführern, die das Chaos befürchten. Bleiben Sie standhaft, die meisten Argumente sind vorgeschoben und nicht stichhaltig.

Eine freiheitliche Zeit- und Urlaubspolitik hat nichts mit Laisser-faire zu tun, wenn Sie eine entsprechende Führung etablieren, die sich mit Arbeitsleistung und -ergebnis beschäftigt (vergleiche hierzu im Einzelnen Kapitel 6).

Je nachdem, wo Ihr Unternehmen aktuell steht, bedeuten die von mir gemachten Vorschläge tiefe Einschnitte in den Arbeitsalltag. Deshalb wird man nicht alles auf einmal umsetzen können. Aus meiner Erfahrung ist es gut, mit offenen Karten zu spielen. Verdeutlichen Sie von Anfang an, was Sie wollen und wo die Reise hingehen soll. Legen Sie dar, dass es sich um notwendige Maßnahmen handelt, die das Unternehmen auf einen zukunftsweisenden Kurs bringen. Beginnen Sie mit der Umsetzung beispielsweise bei den leitenden Angestellten. Weiten Sie die Maßnahmen dann auf die Führungskräfte und dann auf die Belegschaft insgesamt aus. So kann man Erfahrung sammeln und Fürsprecher finden.

Beginnen Sie mit Zeitfreiheit, gefolgt von Urlaubsfreiheit und dann der Freigabe des Beschäftigungsortes.

Ich schätze, dass man für die Realisierung der Maßnahmen etwa zwei Jahre benötigt. Das ist selbstverständlich davon abhängig, wie Ihr Unternehmen aktuell bei diesen Fragen positioniert ist.

Wenn Sie und Ihr Unternehmen die notwendigen Schritte zur Zeitfreiheit gehen, werden Sie sehr schnell die Früchte Ihrer Mühen ernten: eine mehrheitlich zufriedenere Belegschaft, die Freiheit und Vertrauen als klares Pro für sich bucht. Ganz nebenbei schaffen Sie Bürokratie ab und leisten einen wesentlichen Beitrag zur Kostensenkung.

4 Entgelt

Einer meiner ersten Vorgesetzten pflegte zu sagen, wenn es um die Reform des Entgeltsystems ging: »Das Portemonnaie ist die empfindlichste Stelle des Menschen.« Und damit kam es zu keinen Veränderungen.

Entgelt spielt im Arbeitsleben eine zentrale Rolle. Juristen sehen ein Arbeitsverhältnis als ein Leistungsaustauschverhältnis an. Das Unternehmen erbringt eine Leistung in Form von Entgelt, der Mitarbeiter in Form von Arbeit. Beide Vertragspartner tauschen ihre Leistungen aus. Unter Entgelt subsumiert man heute nicht nur Gehalt und Lohn, sondern auch andere Leistungen des Unternehmens, die sogenannten Sozialleistungen. Ihrer Gestaltung widme ich Kapitel 5.

4.1 Bedeutung

Warum hat Entgelt einen hohen Stellenwert? Es bietet dem Mitarbeiter eine Vielzahl von Möglichkeiten. Er kann etwas auf die hohe Kante legen, um mehr Sicherheit zu bekommen oder eine große Investition zu tätigen. Er erhält die Möglichkeit, eine Familie zu gründen und diese vernünftig zu ernähren, für sie zu sorgen und seinen Kindern eine gute Erziehung und Ausbildung zu ermöglichen. Entgelt eröffnet eine Vielzahl von Optionen. Der eine kauft teure Kleidung, der andere fährt einen Sportwagen. Für manche ist eine große Wohnung wichtig, für andere eher ein schöner Urlaub. Man sieht, Entgelt stiftet persönliche Freiheit.

Mit Entgelt sind Familie, Sicherheit und Freiheit verbunden, alles Werte des Mitarbeiters, die für ihn von besonderer Bedeutung sind. Deshalb ist Entgelt so wichtig.

Aber auch für das Unternehmen hat das Entgelt der Mitarbeiter eine hohe Relevanz. Meistens bilden die Entgelte einen großen, wenn nicht den größten Kostenblock. Ihn im Griff zu behalten, ist langfristig für das Unternehmen überlebenswichtig, zumal der jährlichen Gehalts- und Lohnerhöhung eine Dynamik innewohnt. Selbstverständlich darf man die Entgelte nicht isoliert allein von der Kostenseite sehen, denn Mitarbeiter verursachen nicht nur Kosten, sie schaffen auch Werte in Form marktfähiger Produkte. Gleichwohl bleibt es eine Herausforderung, die Entwicklung der Arbeitsproduktivität mit der der Entgelte im Gleichschritt zu halten.

Lohn und Gehalt sind für die meisten Mitarbeiter weitestgehend durch Tarifverträge bestimmt. Oberhalb des Tarifs gibt es mehr Freiheiten, soweit man mit dem Betriebsrat klarkommt. Diese Gestaltungsspielräume werden gerne für variable, leistungsorientierte Vergütungsbestandteile genutzt. Auch im gewerblichen Bereich gibt es Leistungslohn. Mit diesen Entgeltformen, da beeinflussbar, werde ich mich beschäftigen.

Die größten Gestaltungsmöglichkeiten gibt es naturgemäß bei den Mitarbeitern, die dem Tarif nicht unterliegen (außertarifliche Mitarbeiter). Ihr Entgelt basiert
auf einzelvertraglichen Regelungen. Mit der kritischen
Betrachtung ihres Entgeltes möchte ich starten.

4.2 Außertarifliches Entgelt

Die Bestandteile des außertariflichen Gehaltes sind
sehr häufig ein Festgehalt plus eine variable Kompo-
nente. Diese wiederum unterteilt sich nicht selten in
einen persönlichen Teil und einen Unternehmensteil.

Alle Instrumente der Personalarbeit sollten möglichst
einfach, klar und nachvollziehbar gestaltet sein. Für
das Festgehalt heißt das, man einigt sich auf ein Jahresgehalt und zahlt es in zwölf gleichen Teilbeträgen
jeweils zum Monatsende. Es ist die einfachste Regelung bei Monatszahlungen. Soweit dreizehn, vierzehn
oder fünfzehn Gehälter gezahlt werden oder ein Urlaubsgeld den Sommer versüßt, schaffen Sie alles
konsequent ab, indem Sie auf zwölf Monatsgehälter
umrechnen, damit Gehaltsabrechnung und Personal-
verwaltung von Zusatzterminen, komplizierten Rück-
rechnungen etc. befreit werden.

Der persönliche Teil des variablen Einkommens wird
in der Regel einmal im Jahr als Bonus gezahlt. Seine
Höhe richtet sich nach dem Erreichungsgrad von zwischen Vorgesetztem und Mitarbeiter vereinbarten

Zielen. So der Grundsatz. In der Praxis gibt es allerdings eine Reihe von »Stolpersteinen«, die es fraglich erscheinen lassen, ob ein zielbasiertes, variables Einkommen überhaupt Sinn macht.

Führungskräfte haben komplexe Aufgaben. Um dieser Komplexität einigermaßen gerecht zu werden, müsste man, je nach Aufgabenstellung des Managers, etwa fünfzehn Ziele definieren. Üblich sind bei Zielvereinbarungen vier bis fünf Ziele. Das heißt, man arbeitet nicht mit der Realität des Managers, sondern mit einem Modell, das die Wirklichkeit stark vereinfacht. Dies ist dann zulässig, wenn man mit den vier/fünf Zielen die »Hauptziele« erfasst und die anderen ca. zehn Ziele nur unbedeutend, also eine zu vernachlässigende Nebensache sind. Zudem unterstellt man implizit, dass die Ziele voneinander unabhängig sind, dass sich die Zielgrößen über ein Jahr nicht verändern und die Aufteilung in Haupt- und Nebenziele über den Betrachtungszeitraum korrekt ist.

Diese Prämissen sind leider falsch. Ein Jahr ist lang und ein Managerleben sehr dynamisch. In einem Jahr passiert viel, und das lässt sich nun mal in einem statischen Modell, wie oben beschrieben, nicht zutreffend abbilden. Wir sind alle keine Hellseher. Nicht selten sind die vereinbarten Ziele überholt, unwichtig geworden oder nicht realisierbar. Und eine wiederkehrende Aktualisierung über das Jahr führt im wahrsten Sinne des Wortes die Zielvereinbarung ad absurdum.

Erschwerend kommt hinzu, dass eine mit (sehr viel) Geld hinterlegte Zielvereinbarung ein »sehr scharfes Schwert« ist, sie hat eine sehr starke Steuerungswirkung. Der Mitarbeiter wird sich massiv um die Zielerfüllung kümmern, auch zu Lasten anderer Aufgaben, die außerhalb der Zielvereinbarung liegen, die aber, wie sich häufig herausstellt, doch keine Nebensache sind. Daran zeigt sich, dass die Ziele nicht unabhängig sind, denn spätestens über die Arbeitskraft der Führungskraft sind sie miteinander verbunden. Ziele, die an Bedeutung verlieren oder sogar keinen Wert mehr haben, werden weiter verfolgt, weil der Bonus zum Greifen nah ist; umgekehrt bleibt Initiative dort weg, wo sie gebraucht wird, weil es die Zielvereinbarung nicht vorsieht. Diese Fehlsteuerungen kommen häufiger vor, als man denkt. Ich möchte sogar sagen, es ist die Regel, sie fällt nur nicht immer auf. Die Ausnahme ist die vom Anfang bis zum Ende des Jahres korrekte Zielvereinbarung, die zu keinerlei Fehlsteuerung des Mitarbeiters führt.

Viele Kollegen und Vorgesetzte haben daraus die Konsequenzen gezogen und die Zielvereinbarung unter der Hand ans Ende des Jahres gelegt.

Zwei weitere Aspekte belasten das Thema. Da ist wieder eines meiner Lieblingsthemen: Vertrauen. Wenn ein Unternehmen eine variable Leistungsvergütung einführt, dann sagt es dem Mitarbeiter indirekt: »Ich traue dir nicht, dass du deine volle Leistung erbringst. Deshalb bleibt ein Teil deiner Vergütung variabel und wird nur bei Erreichen bestimmter Ziele gezahlt.« Auch wenn das Unternehmen den persönlichen Bonus anders verpackt, die Botschaft des Misstrauens bleibt und wird genauso von den Mitarbeitern verstanden. Keine gute Basis für ein Beschäftigungsverhältnis.

Hinzu kommt, dass variable Gehaltsbestandteile ganz generell nicht als »vollwertiges« Entgelt empfunden werden. Gegenüber dem Festgehalt sind sie sozusagen eine Entgeltkomponente zweiter Klasse. Das merkt man spätestens, wenn man ein variables Entgeltsystem einführt, denn der kostenneutrale Tausch von Festgehalt zum Bonus funktioniert nicht. Mit Glück und gutem Zureden schafft man eine Fünfzig-fünfzig-Regelung, das heißt, die Hälfte des Bonus senkt das Festgehalt, die andere Hälfte erhöht das Gesamtgehalt. Verdiente ein Mitarbeiter 100 000 € im Jahr fix, so erhält er nach der Reform 80 000 € fix und 40 000 € variabel. Theoretisch könnte er nun natürlich mit seinem Entgelt unter seinem ehemaligen Festgehalt landen, praktisch wird das aber nicht passieren. Im Gegenteil, und hier greife ich meinen weiteren Ausführungen etwas vor, er wird für die gleiche Leistung zwanzig Prozent mehr Geld bekommen. Für das Unternehmen ist das ökonomischer Wahnsinn, für den Manager ein unverhoffter Schluck aus der »Entgeltpulle« und für seinen Vorgesetzten das gute Gefühl, faire Ziele vereinbart zu haben.

Ich habe fünfzehn Jahre einen weit überdurchschnittlichen Leistungsbonus erhalten und damit rückblickend nie so viel Geld verdient wie in dieser Zeit. Natürlich habe ich mich darüber gefreut, ich hätte aber auch ohne Bonus genauso hart und erfolgreich gearbeitet. Die meisten meiner Kollegen übrigens auch.

Viele Unternehmen belassen es nicht bei einem persönlichen Bonus, sie offerieren auch noch einen Unternehmensbonus. Das Credo ist: Geht es dem Unternehmen gut, soll es den Mitarbeitern auch gut gehen, sind die Ergebnisse schlecht, sollen die Personalkosten über den fehlenden Unternehmensbonus gesenkt werden. So weit, so gut. Wenn nur nicht die Umsetzung wäre. Denn die führt zu anderen Ergebnissen, als es sich das Unternehmen wünscht.

Natürlich gibt es Parallelen zum persönlichen Bonus. So gilt auch hier, es handelt sich um Einkommen »zweiter Klasse«, das als Add-on willkommen ist, aber bitte ohne Absenkung des Festeinkommens. Und hier ist eine Reduzierung des Festeinkommens noch schwieriger in der Argumentation, denn was kann der Einzelne für ein schlechtes Unternehmensergebnis? Natürlich nichts! Ein Absenken des Festeinkommens im Zuge der Einführung eines Unternehmensbonus wird nicht akzeptiert. Also lautet die Einführungsregel nicht fünfzig-fünfzig, wie oben beim persönlichen Bonus beschrieben, sondern häufig null-einhundert. Der Unternehmensbonus wird also komplett auf das Festgehalt geschlagen. Soviel zur Personalkostensenkung bei schlechten Unternehmensergebnissen.

Die Regeln für die Vergabe des Unternehmensbonus sind in Bezug auf Ziele und Systematik meistens für alle Führungskräfte einschließlich Vorstände und Geschäftsführer gleich oder zumindest sehr ähnlich. Man sitzt im gleichen Boot. Die Unterschiede liegen bei der Bonushöhe und dem prozentualen Anteil des Bonus am Entgelt. In den Führungsetagen der Unternehmen dominieren intelligente, wirtschaftlich denkende Menschen, keine Altruisten. Das ist völlig in Ordnung; auch kann keiner die Zielgrößen des Unternehmensbonus in Bezug auf die eigene Person bestimmen. Aber es gibt Vorschlagsrechte, Einflüsse auf die Unternehmensplanung und horizontale und vertikale Verbindungen. Diese Gemengelage führt nicht zum Selbstbedienungsladen, aber, lassen Sie es mich vorsichtig ausdrücken, zu sehr realistischen und nicht zu sehr ambitionierten Zielen. So verbessert der Unternehmensbonus, wenn nicht alles schiefgeht, Jahr für Jahr die Bankkonten der Manager.[7]

Das alles mag man noch als unerfreuliche Nebenwirkung hinnehmen, ein anderer Nachteil trifft die Unternehmen ins Mark: Leistungsboni verhindern Kreativität und Innovation. Beides ist in die Zukunft gerichtet und enthält naturgemäß Unbekanntes und Neuland und ist deshalb als Ziel nur schwer greifbar. Es darf daher nicht wundern, dass man bei Forschern und Entwicklern eher Ziele wie »Einhaltung des Forschungsbudgets« oder »Anzahl der neu angemeldeten Patente« findet. Beides hat mit Kreativität und Innovation nichts zu tun. Die Kraft wird aufgrund der

Boni natürlich auf die Zielerreichung gelegt und damit eben nicht auf Kreativität, Freiraum, Querdenken und Innovation. Das ist mittel- bis langfristig existenzgefährdend für ein Unternehmen, und zwar auch dann, wenn man sich im Wettbewerb als First Follower platziert und die Innovationsführerschaft nicht anstrebt.

Die Probleme von variablen Vergütungsbestandteilen sind bekannt, und das nicht erst seit heute. Trotzdem wurden und werden Boni an vielen Stellen eingeführt bzw. man hält an ihnen fest. Wie kommt das?

Erfolgsabhängige Bezahlung war modern. Man glaubte, endlich ein probates Mittel gefunden zu haben

— gegen offenkundige Führungsschwächen vieler Manager, indem man quasi per Automatismus über Anreizsysteme führte,
— für eine Bündelung der Manageranstrengungen in die gleiche Richtung, indem man aus den Unternehmenszielen kaskadenförmig für alle Ebenen Ziele ableitete,
— für eine leistungsgerechtere und differenziertere Bezahlung.

Hinzu kam, dass man am Arbeitsmarkt wettbewerbsfähig sein wollte, und dazu gehörte, so meinte man, ein modernes Vergütungssystem mit variablen Bestandteilen und nicht ein Festgehalt von vorgestern, dem das Klischee des Beamtenhaften anhängt.

Wägt man Für und Wider ab, so kann es aus Unternehmenssicht natürlich nur heißen: Boni abschaffen. Aber wer soll es machen? Die Manager wohl kaum. Ihnen hat man quasi auf dem Silbertablett hohe zweistellige Gehaltserhöhungen in Form variabler Entgeltbestandteile zugesagt und gewährt, deren Schwankungsamplitude in der Realität sehr bescheiden ist. Die Manager verdienen so gut wie nie, warum sollten sie etwas ändern?

Sie wissen schon, die Geister, die ich rief ...

4.3 Tarifliches Entgelt

Tarifliche Mitarbeiter haben ein Tarifgehalt, das sich aus zwölf Gehältern plus Sonderzahlungen in Form des Weihnachtsgeldes (dreizehntes, manchmal auch vierzehntes Gehalt) und des Urlaubsgeldes zusammensetzt. Es ist nicht unüblich, guten Mitarbeitern eine übertarifliche, feste monatliche Zulage zu zahlen. Auch hier gilt selbstverständlich: Reduzieren Sie die Komplexität und zahlen Sie ein Jahresgehalt unter Einschluss aller festen Gehaltsbestandteile in zwölf gleichen Teilbeträgen. Schreiben Sie in die Gehaltsabrechnung einfach nur »Gehalt« und sichern Sie die Zahlungsweise durch eine Betriebsvereinbarung mit dem Betriebsrat ab. Der darf diese Regelung mit Ihnen abschließen, da es sich um eine Verbesserung zum Tarifvertrag handelt, die Ihnen aber viel Bürokratie erspart und auch im Sinne der Mitarbeiter ist.

Vor einigen Jahren hatte ich die vorstehende Regelung zu verhandeln. Der Betriebsrat war mehrheitlich durchaus einverstanden, es gab aber einzelne Vertreter, die hartnäckig der Auffassung waren, dass große Teile der Belegschaft am Weihnachts- und Urlaubsgeld hingen. Nach eigener Aussage hatten sie das Ohr an der Basis. Wir führten die neue Zahlweise daraufhin mit Wahlrecht ein, um allen gerecht zu werden. Ergebnis: Von 4 000 inländischen Mitarbeitern entschieden sich sechs für den alten Auszahlungsrhythmus mit Weihnachts- und Urlaubsgeld. In der Zwischenzeit gibt es diesen nicht mehr. Die Belegschaft ist gegenüber einem neuen Auszahlungsrhythmus aufgeschlossen, manchmal mehr als einzelne Betriebsräte.

Übertarifliche persönliche Boni sind selten. Das sieht bei Unternehmensboni anders aus. So haben sich zum Beispiel Automobilkonzerne dazu entschlossen, aufgrund guter Ergebnisse den tariflichen Mitarbeitern eine Einmalzahlung zu gewähren. Andere Unternehmen folgten. Feste Rechenregeln gibt es nicht, man verhandelt jährlich aufs Neue mit dem Betriebsrat. So weit, so gut. Alles o. k.? Solange die Ergebnisse zu Sonderzahlungen führen, natürlich. Aber was passiert, wenn die Sonderzahlungen ausbleiben? Betriebsrat und Gewerkschaft geraten unter Druck und reagieren nicht selten reflexartig mit der Aussage, Fehler des Managements hätten zur Verschlechterung der Ergebnisse und damit zum Ausbleiben der Einmalzahlung geführt. Das wirkt wie ein Spaltpilz in die Belegschaft hinein. Ein gesellschaftlich überwundenes Oben-Unten-Denken wird aktiviert; »Wir sitzen alle in einem Boot« ist damit Geschichte. Das Ganze hat nachhaltig negative Folgen auf die Unternehmenskultur. Ich kann daher vor solchen Sonderzahlungen nur warnen. Lassen Sie sie weg, wenn Sie sich nicht ganz sicher sind, dass der Betriebsrat, auch bei wechselnden Personen in der Zukunft, nicht nur die Einführung, sondern auch das Weglassen mitträgt.

Ein weiteres, in der Vergangenheit sehr wichtiges Leistungsentgelt findet man im gewerblichen Bereich, den Akkordlohn. Aufgrund technischer Veränderungen in Form verstärkter Automation in den Produktionsprozessen nimmt die Bedeutung des Akkordlohns ab, in einzelnen Branchen spielt er aber immer noch eine Rolle, so zum Beispiel in der feinkeramischen Industrie. Bei einem der bedeutendsten Unternehmen Europas war ich einige Jahre Bereichsleiter Personal und kam mit Akkordlohn in Berührung, und zwar im Speziellen mit dem Stückakkord, den ich im Folgenden kurz darstelle. Daneben gibt es noch den Zeitakkord, der zum gleichen Ergebnis führt, allerdings auf einem etwas anderen Rechenweg ermittelt wird.

Das Prinzip des Akkordlohns sieht wie folgt aus: Der Mitarbeiter wird nach gefertigten Stücken bezahlt; er bekommt pro Stück einen bestimmten Betrag (Akkordrichtsatz). Die in einem Monat erbrachten Stücke werden mit dem Akkordrichtsatz multipliziert, das Produkt ist der Akkordlohn. Der Akkordrichtsatz ist so bemessen, dass man mit einer Normalleistung zwischen fünfzehn und fünfundzwanzig Prozent über dem Tariflohn liegt. In der Regel ist aufgrund tariflicher Bestimmungen ein Absinken unter den Tariflohn nicht möglich.

Das Unternehmen vergütet also mit einem Aufschlag von rund zwanzig Prozent eine Akkordleistung gegenüber einer identischen Leistung im Festlohn. Das ist nicht preiswert und beruht wiederum auf Misstrauen gegenüber den Arbeitern. Aber wie bereits in Kapitel 3 gezeigt, kostet Misstrauen die Unternehmen sehr viel Geld.

Ohne einen Aufstand der Betroffenen zu riskieren, kommt man an den Akkordlohn nicht heran. Die Arbeiter sehen eine gute Möglichkeit, übertariflich zu verdienen. Ihr Lohn liegt durchschnittlich bei einhundertfünfzig bis zweihundert Prozent des Tariflohns, natürlich bei Stückzahlen über der Normalleistung. Wer aber denkt, die Normalleistung sei eine besondere Herausforderung, der täuscht sich, denn niemand außer den im Akkord stehenden Mitarbeitern weiß wirklich, wo die »echte Normalleistung« liegt. Nur sie kennen durch jahrelange Übung alle Tricks und Kniffe. Der REFA-Fachmann und seine Zeitstudien geben sie jedenfalls nicht wieder.

4.4 Und nun?

Als Quintessenz der vorstehenden Ausführungen bleibt nur die komplette Abschaffung aller Leistungs- und Unternehmensboni und die Abkehr vom Leistungslohn. Das hört sich radikal an und ist es auch. Sie stehen vor – aus meiner Sicht – der schwierigsten Aufgabe, die Personalarbeit zu bieten hat.

Wenn es Ihrem Unternehmen wirtschaftlich sehr gut geht, werden Sie mit Ihrem Anliegen auf taube Ohren stoßen. Warten Sie daher mit Ihrer Reform der Entgeltsysteme bis zu einer Phase, in der das Unternehmen nicht nur auf Rosen gebettet ist. Häufig reicht es, wenn Rekordergebnisse der Vorjahre nicht mehr erreicht werden, um Kostensensibilität zu erzeugen. Wirklich schlecht muss es dem Unternehmen nicht gehen.

Nutzen Sie diese Situation für die Abschaffung der Boni. Treten Sie an Ihre Verhandlungspartner heran, nicht um die Boni ersatzlos zu streichen. Vereinbaren Sie mit Ihren Mitarbeitern vielmehr faire und wettbewerbsfähige Jahresentgelte und zahlen Sie diese in zwölf gleichen monatlichen Teilbeträgen aus. »Fair« heißt wahrscheinlich, einen Teil der Boni in die neuen Festgehälter einzubeziehen. Wie hoch der Teil ist, hängt davon ab, was Sie und Ihre Verhandlungspartner als fair empfinden und was sich das Unternehmen leisten will und kann. Mit der erfolgreichen Umsetzung jedenfalls haben Sie einen großen Sprung in die richtige Richtung gemacht.

Versuchen Sie für möglichst alle Mitarbeiter dieses Prinzip umzusetzen. Je nachdem, von welchen Lohn- und Gehaltsregelungen Sie kommen und wie die wirtschaftlichen Rahmenbedingungen konkret sind, wird Ihnen die Neuregelung des Entgeltes nicht auf einen Schlag gelingen. Beginnen Sie Schritt für Schritt. Verdeutlichen Sie Ihren Verhandlungspartnern schon am Anfang, wo die »Reise« hingehen soll, ähnlich, wie ich es auch in Kapitel 3 empfohlen habe. Beginnen Sie mit der Umstellung auf zwölf Monatsentgelte, dann mit der Abschaffung der Leistungsboni der Führungskräfte, danach mit der des Unternehmensbonus.

Den Leistungslohn können Sie nicht einfach »wegverhandeln«, ohne einen Aufstand zu riskieren. Ihnen bleibt nur der Weg, ihn schrittweise, aber kontinuierlich abzuschaffen, indem Sie, wo immer sich eine Chance bietet, Akkord- und Prämienarbeitsplätze aufgeben, zum Beispiel im Zuge neuer Arbeitsabläufe oder Produktionsmethoden. Möglicherweise wird Ihnen nicht alles sofort gelingen. Sie werden Geduld brauchen, auf Ihre Chance warten müssen.

Gehen Sie in jedem Fall sensibel und behutsam vor. Versuchen Sie nicht, die Dinge allein zu Lasten der Belegschaft zu lösen. Vermeiden Sie Sieger und Verlierer, denn, und hier schließt sich der Kreis, das Portemonnaie ist die empfindlichste ...

5   Sozialleistungen

Sozialleistungen haben im deutschsprachigen Raum eine lange Tradition. Sie blicken zum Teil auf eine mehr als zweihundertjährige Geschichte zurück.

Meine Geburtsstadt ist Essen. Hier spielte die Firma Krupp eine wichtige Rolle, nicht nur als größter Arbeitgeber, sondern auch als Reformer des sozialen Umfeldes der Mitarbeiter, »Kruppianer« genannt. Ein bekanntes Sprichwort in Essen lautete: »Bei Krupp geboren, bei Krupp gearbeitet, bei Krupp gestorben.« Das Unternehmen fühlte sich vollumfänglich für seine Mitarbeiter verantwortlich. So entstand das Krupp Krankenhaus, ein ganzer Stadtteil[8] mit bezahlbarem, gutem Wohnraum für Kruppianer, der Krupp Konsum als Lebensmittelhandel, die Betriebskrankenkasse, die betriebliche Altersversorgung, die als sehr gut galt (»Onkel Hans hat eine gute Rente, er hat bei Krupp gearbeitet«), das Kantinenwesen usw. Ein solches Potpourri an Sozialleistungen findet man heute nicht mehr, dafür sind zum Beispiel Versicherungen, vermögenswirksame Leistungen, Firmenwagen, Einkaufsrabatte, Laptops und Firmenhandys mit privater Nutzung und freier Internetzugang hinzugekommen. Es sind teilweise eher Zusatz- als Sozialleistungen. Die Zeiten ändern sich.

Sozialleistungen sind entstanden, weil man Lücken im staatlichen und privatwirtschaftlichen Angebot sah und schließen wollte. Aber gilt das noch heute? Ich denke, nein. Es gibt eine Vielzahl von Produkten privater Anbieter, die betriebliche Sozialleistungen mindestens genauso gut abdecken und deshalb substituieren können, und das bei in der Regel breiterer Auswahl. Ich kenne keine Sozialleistung, die so einzigartig wäre, dass sie nicht durch ein privates Produkt ersetzbar wäre. Vor diesem Hintergrund stellt sich die Frage: Warum überhaupt Sozialleistungen? Geben wir den Mitarbeitern mehr Geld und lassen sie sich ihre Sozialleistungen am freien Markt nach ihren Bedürfnissen beschaffen. Damit werden betriebliche Sozialleistungen obsolet. Für das Unternehmen hat das enorme Vorteile, Bürokratie wird abgeschafft, enorme Risiken im Bereich der betrieblichen Altersversorgung durch Überalterung und Null-Zins-Umfeld werden eingedämmt.

Ich war während der meisten Zeit meines beruflichen Lebens der Meinung, Sozialleistungen und irgendwelche anderen Nebenleistungen gehörten abgeschafft bzw. gestoppt. Ich habe das vom Firmenwagen bis zur Altersversorgung durchexerziert, natürlich gegen einen finanziellen Ausgleich. Die Unternehmen wurden schlanker, Nebenkriegsschauplätze, die viel Energie absorbieren, waren verschwunden und der Unternehmenszweck stand wieder unangefochten im Mittelpunkt. Alles prima, aber ...

Der Arbeitsmarkt spielt nicht mit. Im Wettbewerb um gute Mitarbeiter spielen Sozialleistungen eine wichtige Rolle, insbesondere die Altersversorgung. Es zeigte sich, dass der Hinweis auf ein höheres Gehalt nicht reicht. Gewünscht wird nicht ein Bauchladen von Sozial- und Nebenleistungen, aus dem man auswählen darf, sondern wenige, dafür aber gut dotierte Sozialleistungen. »Lieber wenig, aber richtig.«

Ich habe deshalb meine Meinung geändert. Ein Unternehmen sollte eine bis maximal drei Sozialleistungen anbieten. Diese aber gut dotiert, sodass sie eine spürbare und akzeptierte Wirkung haben. Welche Leistungen das sein sollten, kann und muss im Unternehmen breit diskutiert und entschieden werden. Am Ende sollte ein Resultat stehen, das ein, zwei oder drei Sozial- bzw. Nebenleistungen beinhaltet und konsequenterweise die Abschaffung aller anderen bedeutet.

So vermeidet man unnötige Bürokratie und kann gut dotierte Sozialleistungen anbieten, die einen echten Wettbewerbsvorteil darstellen, ohne das Unternehmen zu überfordern.

Jedes Unternehmen muss seine Wahl selbstverständlich selbst treffen. Soweit Sie mich fragen, empfehle ich die Altersversorgung und die Mitarbeiterverpflegung, weil beide im Privatbereich mit gleicher Effizienz nur sehr schwer darstellbar sind. Wer noch eine dritte Leistung hinzunehmen möchte, dem rate ich unter dem Thema Vereinbarkeit von Familie und Beruf, sich dem Thema Betriebskindergarten zu nähern.

5.1 Betriebliche Altersversorgung

Der Staat zieht sich ein Stück weit aus der Altersversorgung zurück. Sein Teil, auch gerne »erster Pfeiler« genannt, mutiert für viele zu einer Grundversorgung, und das bei 40 Jahren Einzahlung. Das ist für den Einzelnen bitter, für Unternehmen aber eine große Chance, diese Lücke mit einer zeitgemäßen betrieblichen Altersversorgung[9] zu verringern und damit ein Angebot von sehr hoher Relevanz für die meisten Mitarbeiter zu offerieren. Wer hier das Richtige tut, erlangt am Arbeitsmarkt einen echten Wettbewerbsvorteil.

Aber ist das vor dem Hintergrund einer sich verschlechternden Alterspyramide und eines Niedrigzinsumfeldes verantwortbar oder geht das Unternehmen mit einer betrieblichen Altersversorgung unkalkulierbare Risiken ein, die es teuer zu stehen kommen und im Einzelfall existenzbedrohende Ausmaße annehmen können? Wenn es auf alten Altersversorgungssystemen sitzt, kann das tatsächlich passieren. Ein Unternehmen, das sich mit betrieblicher Altersversorgung beschäftigt, muss sich für ein neues, modernes System öffnen, um den Aufwand zu beherrschen und für Mitarbeiter eine wirklich attraktive Lösung anzubieten. Wie so etwas aussehen kann, werde ich jetzt skizzieren.

Ich hatte vor fünf Jahren die Aufgabe, ein komplett neues Altersversorgungssystem zu entwerfen und umzusetzen.

Ziele waren, über die Unternehmensleistungen eine Rente von durchschnittlich 20 Prozent des letzten Monatseinkommens zu gewähren und dem Mitarbeiter die Möglichkeit einzuräumen, über eigene Leistungen eine Rente in gleicher Höhe zu erreichen. Das Unternehmen sollte, außer zu seinen Einzahlungen in das Versorgungssystem, zu keinen weiteren Zahlungen (Nachschüssen) verpflichtet sein, die Rente der Mitarbeiter sollte durch den Pensionssicherungsverein gesichert und mit einem Prozent dynamisiert sein, durch eine nachgelagerte Versteuerung sollte den Mitarbeitern die Möglichkeit gegeben werden, ihre Altersversorgung aus dem Bruttoeinkommen zu bedienen, eine Kapitalisierung der Rente sollte wahlweise möglich sein, der Mitarbeiter sollte die Möglichkeit haben, seine Einzahlung der Höhe nach zu variieren oder auch ruhen zu lassen. Umstritten war, ob der Mitarbeiter die Möglichkeit bekommen sollte, seine Ansprüche auf einen anderen Arbeitgeber übertragen zu können (vorausgesetzt, dieser spielte mit) und ob die Unternehmensleistungen an die des Mitarbeiters gekoppelt werden würden. Das Unternehmen entschied, die Leistungen zu entkoppeln und über einen Übertrag im Einzelfall zu entscheiden, diesem aber im Grundsatz positiv gegenüberzustehen.

Diese Quadratur des »Altersversorgungskreises« gelang über eine Direktzusage in Verbindung mit einer Rückdeckungsversicherung. Damit konnten alle Ziele und Forderungen erfüllt werden. Den Mitarbeitern wurde eine mündelsichere Anlage geboten, der über die Bruttoentgeltumwandlung ein erheblicher »Nettohebel« innewohnt und die deshalb als sehr interessant angesehen wurde. Das Unternehmen muss fortan nicht mehr mit bösen Überraschungen in Form ungeplanter Aufwendungen für die Altersversorgung rechnen. Trotzdem ist diese so dotiert, dass sie eine nennenswerte Zusatzrente abwirft, insbesondere dann, wenn sich Unternehmen und Mitarbeiter zusammentun. Der Erfolg des neuen Altersversorgungssystems war und ist aufgrund des Mitarbeiterzuspruchs überragend. Zudem hilft das System tatsächlich bei der Gewinnung neuer, kompetenter Mitarbeiter.

Es ist übrigens kein Altersversorgungssystem nur für größere Unternehmen. Im Prinzip kann jedes Unternehmen eine solche Altersversorgung mit einer Rückdeckungsversicherung gemeinsam einführen. Aus meiner Sicht ist diese Form der Altersversorgung jedem anderen System überlegen. Ich kann ein solches Vorgehen nur empfehlen.

5.2 Mitarbeiterverpflegung

Wenn Sie einem anderen Ihre Wertschätzung zeigen wollen, so haben Sie verschiedenste Möglichkeiten, eine der besten ist die der Essenseinladung. Sie ist weltweit und über alle Kulturkreise bekannt, schon Naturvölker pflegten und pflegen die Gastfreundschaft.

Was ist näherliegend, als dies auch im Verhältnis zwischen Unternehmen und Mitarbeiter anzuwenden? Die Einladung zum Essen gibt dem Unternehmen die Chance, Tag für Tag dem Mitarbeiter Wertschätzung zu zeigen. Das haben große Unternehmen aus den USA längst erkannt. Ich empfehle daher, den Mitarbeitern eine kostenfreie Verpflegung anzubieten. Der Standard sollte über üblichem Kantinenniveau liegen. Diese Sozialleistung ist aufwendig, aber sie ist ein wesentlicher Mosaikstein für eine positive Unternehmenskultur, denn da das Unternehmen wertschätzt, erhält es Wertschätzung zurück. Und bekanntlich geht Liebe durch den Magen.

Auch diese Sozialleistung ist für kleine Unternehmen über sogenannte öffentliche Kantinen organisierbar.

6 Führung

Handlungsbevollmächtigter H ist 48 Jahre alt und Gruppenleiter. Er ist sehr erfahren und weiß genau, was in seiner Gruppe (zehn Mitarbeiter) vorgeht und wo mögliche Probleme liegen. Heute ist ein Tag, der ihm im Magen liegt. Er muss zwei Gespräche führen, in denen es jeweils um Qualität und Quantität der Leistung geht.

Zunächst kommt Sachbearbeiterin S, 35 Jahre alt, seit zwei Jahren im Unternehmen.

H: »Guten Tag, Frau S, bitte nehmen Sie Platz.«

S: »Guten Tag, worum geht es denn? Ich habe wenig Zeit.«

H: »Es tut mir leid, aber ich muss mit Ihnen über Ihre Leistung–«

Weiter kommt H nicht, denn S grätscht sofort dazwischen und redet sich in Rage.

S: »Was heißt hier Leistung? Sie wollen doch wohl meine Arbeit nicht kritisieren. Ich schufte jeden Tag unter einem Wahnsinnsdruck. Komme kaum zur Pause. Sie sollten sich einmal ansehen, was in Ihrer Abteilung läuft. Ausbeutung ist das. Und im Übrigen breche ich hier das Gespräch ab. Wenn Sie etwas von mir wollen, spreche ich nur noch im Beisein des Betriebsrates mit Ihnen.«

H läuft rot an. Eine solche Unverschämtheit ist ihm noch nie passiert.

H: »Auf Ihre Arbeit verzichte ich gerne. Ich setze mich mit HR in Verbindung.«

H möchte gerade zum Telefonhörer greifen, um mit der HR-Businesspartnerin B zu telefonieren, da steht schon, fünf Minuten zu früh, Diplom-Kaufmann K vor dem Büro. K ist 41 Jahre alt und etwas introvertiert. H legt den Telefonhörer auf und bittet K herein.

H: »Guten Tag, Herr K, bitte nehmen Sie doch Platz.«

K: »Vielen Dank, Herr H.«

H: »Auch wenn ich mit der Tür ins Haus falle, aber ich muss mit Ihnen über Ihre Leistung sprechen.«

K: »Entschuldigen Sie bitte, wenn ich Sie hier unterbreche, aber ich habe mir schon so etwas gedacht. Sie haben ja recht. Meine Leistung stimmt nicht mehr. Es bedrückt mich selbst.«

H: »Gut, dass Sie es schon selbst bemerkt haben. Sie wissen ja, Selbsterkenntnis ist der erste Schritt zur Besserung.«

H lacht über seinen letzten Satz zur Auflockerung der Gesprächssituation. K nicht.

H: »Können Sie sich denn Ihr Leistungstief erklären? Früher waren Sie doch gut.«

K: »Ich möchte Sie nicht mit meinen Sorgen belasten.«

H wird neugierig.

H: »Nur heraus damit.«

K: »Meine Frau hat sich von mir getrennt. Es ist alles so schrecklich. Meinen Jungen sehe ich nur noch am Wochenende und der Unterhalt frisst mich auf. Ich kann keine Nacht mehr vernünftig schlafen. Deshalb auch die Fehler.«

H: »Am besten, Sie nehmen erst einmal ein paar Tage Urlaub. Versuchen Sie die Situation mit Ihrer Frau zu klären. Sie bekommen das schon hin. Und wenn ich Ihnen irgendwie helfen kann, lassen Sie es mich wissen.«

K: »Vielen Dank für Ihr Verständnis, ich werde mir alle Mühe geben, um wieder eine gute Leistung zu erbringen.«

H ist mit dem Gespräch rundum zufrieden und freut sich, dass K sich öffnet und ihm vertraut.

Wer hat geführt?

Die Gespräche sind frei erfunden und zugegebenermaßen pointiert. Worauf ich hinauswill, ist Folgendes: Die Rollenverteilung ist zunächst klar. Da sind H als Vorgesetzter und S und K als Mitarbeiter. Diese Aufteilung ist Grundlage jeder Führungstheorie. Es läuft im Gespräch aber ganz anders. S und K führen auch und in den vorstehenden Beispielen sogar mit einer gewissen Dominanz, denn ihr Verhalten, ihre Antworten und Erklärungen sind ausschlaggebend für den Gesprächsverlauf und das Gesprächsergebnis. Sie sind genauso Führungskräfte wie H, der eher passiv und blass bleibt. Er trägt sein Anliegen nur kurz und wenig dezidiert vor. Das klassische Rollenverständnis versagt hier. Aber auch wenn H eine stärkere Führungskraft wäre, so hieße das nur, dass er vielleicht einen größeren Führungsanteil gehabt hätte, alleine geführt hätte er keineswegs. Und das ist das Problem: Eine dynamische Führungs- bzw. Gesprächssituation ist nicht vorhersehbar. Berühmte Kammerspiele zeigen das: Nicht zuletzt der ständige Führungswechsel und damit der nicht vorhersehbare Ausgang sorgen für Spannung.

Das statische Modell »hier Führungskraft, dort Mitarbeiter« spiegelt die Realität nicht korrekt wider und versagt daher als Erklärungsmodell. Es führen immer beide Seiten. Offen ist nur, wer einen größeren Einfluss auf das Gespräch und seinen Ausgang hat. Mal schlägt das Pendel in die eine, mal in die andere

Richtung aus. Um es auf den Punkt zu bringen: Die Belegschaft besteht mehr oder weniger komplett aus Führungskräften, die sich wechselseitig beeinflussen, zeitweise dominieren, inspirieren oder auch neutralisieren. Führungskräfte im klassischen Sinn, also überwiegend bestimmende und dominierende Führungskräfte, trifft man auf höheren Hierarchieebenen. Es sind die sogenannten Führungspersönlichkeiten. Erfolgreiche Unternehmer zeichnet es aus, Führungspersönlichkeiten zu sein, bei angestellten Managern bin ich mir nicht immer sicher.

Nach meiner Erfahrung sind Führungspersönlichkeiten eher selten, zumindest im Vergleich zur Anzahl von Führungspositionen. Hinzu kommt die häufig undurchsichtige Führungssituation zwischen Vorgesetztem und Mitarbeiter. Um diese Dilemmata zu überwinden und um den Mitarbeitern die in den vorherigen Kapiteln dieses Buches dargelegten und notwendigen Freiräume geben zu können, muss ein Unternehmen Wege beschreiten, die von der traditionellen Führungslehre abweichen.

6.1 Fachkraft als Führungskraft

Der erste Schritt besteht darin, einer langen Tradition in Deutschland wieder mehr Gewicht zu geben, nämlich den besten Fachkräften Führungsverantwortung zu übertragen. Bereits in mittelalterlichen Zünften, später Handwerksinnungen spielte der Meister als besonders qualifizierte Fachkraft die entscheidende Führungsrolle, und das bis heute. Aber dieses Fachprinzip findet man nicht nur im Handwerk, sondern auch in hoch spezialisierten Bereichen, zum Beispiel an Universitäten (Professoren), Kliniken (Chefärzte), Wirtschaftsprüfungsgesellschaften (Wirtschaftsprüfer) oder in der Produktion fast aller Industrien, wo Industriemeister die erste Führungsebene über den Mitarbeitern bilden. Ich habe über Jahre in der chemischen Industrie gearbeitet. Führungskräfte ohne sehr gute Fachkenntnisse waren dort undenkbar. Und das gilt sicherlich auch für viele andere Industrien. Man hat also mit Fachkräften als Vorgesetzte durchaus positive Erfahrungen gemacht, insbesondere dann, wenn sie sich auf die Schaffung der Leistungsvoraussetzungen und die Beurteilung von Leistung und Ergebnis der Mitarbeiter konzentrieren können und nicht für deren Motivation verantwortlich gemacht werden.

Es gibt aber auch Gegenstimmen. Sie kommen insbesondere aus der Richtung der Führungslehre und ihrer Vertreter. Sie sehen das Problem, dass der Fachmann seine Mitarbeiter mit seinem Fachwissen erdrückt, die Dinge an sich reißt, weil ihm die Arbeit der Mitarbeiter nicht gut genug ist und dabei seine Steuerungsfunktion und Führungsaufgabe vernachlässigt. Er weiß vermeintlich alles besser und gibt seinen Mitarbeitern keinen Raum zur Entfaltung. Deshalb wird der Führungskraft ohne besondere Fachkenntnisse der Vorzug gegeben. Sie muss vor allem intelligent und flexibel sein, sich schnell einarbeiten und entscheiden können.

6.2 Freiheit, Leistungsvoraussetzungen, Motivation, Fachkraft

In den Kapiteln 2, 3, und 4 habe ich unter anderem über Freiheit und Freiräume als Ziel für Mitarbeiter und Unternehmen geschrieben. Freiheit muss selbstverständlich mit der Erfüllung des Unternehmenszwecks vereinbar sein, der, und nun schließt sich der Kreis zu Kapitel 1, nun einmal im Angebot von Gütern zu einem marktfähigen Preis besteht, für die es eine Nachfrage gibt. Die Grenze der Freiheit liegt dort, wo der Unternehmenszweck geschädigt wird. Etwas pauschal gesagt, er wird dann nicht in Mitleidenschaft gezogen, wenn die Leistung der Mitarbeiter »stimmt«. Jeder Mitarbeiter muss in der Lage und willens sein, seinen Beitrag zum Unternehmenszweck zu leisten.

Und damit sind wir beim zweiten Schritt moderner Führung: der strengen Unterscheidung zweier Komponenten, und zwar

— Leistungsvoraussetzungen und Interesse am Ergebnis des Mitarbeiters,
— Motivation.

Zur Schaffung der Leistungsvoraussetzungen gehört die Bereitstellung des benötigten Materials und Equipments (Maschinen, Computer, Büro mit Einrichtung etc.), der notwendigen Informationen und Schnittstellen (Zusammenarbeit mit Kollegen und anderen Abteilungen, Lieferanten, Kunden), der Hilfestellung zur Erlangung der notwendigen Fertigkeiten, die Organisation der Arbeit (wer macht was?) und die Anleitung der Mitarbeiter. Diese Aufgaben obliegen dem direkten Vorgesetzten. Er ist verantwortlich für das (kollektive) Ergebnis seiner Gruppe oder Abteilung. Um die Leistungsvoraussetzungen zu schaffen und dauerhaft zur Verfügung zu stellen, bedarf es eines tatkräftigen Fachmannes, der seinen Verantwortungsbereich kompetent kennt und der in der Lage ist, die Ergebnisse der Mitarbeiter zu beurteilen und mit ihnen zum Beispiel halbjährlich, im Bedarfsfall aber auch deutlich häufiger, »Ergebnisgespräche« zu führen und Hilfestellung zu leisten. Wenn alles planmäßig läuft, dauert das Gespräch wenige Minuten, gibt es Probleme, dauert es bis zu deren Lösung. Er muss vor allem die Fähigkeit besitzen, unmissverständlich und klar die Leistung dem Mitarbeiter zu kommunizieren.

Er ist verantwortlich, er bestimmt. Selbstverständlich kann und soll er seine Mitarbeiter in die Entscheidungsfindung einbeziehen (bitte nur diejenigen, die das auch wollen); die Entscheidung selbst liegt bei ihm, sie ist nicht delegierbar.

Nur wenn ein Unternehmen auf der Meister- und Betriebsleiter- bzw. Gruppen- und Abteilungsleiterebene über eine entsprechend qualifizierte Riege von Vorgesetzten verfügt, kann es weitgehende und erwünschte Freiheit und Freiräume geben. Die Sicherstellung der fachlich kompetenten und menschlich integren Besetzung der ersten und zweiten Leitungsebenen (aus

Blickrichtung der Mitarbeiter) ist von entscheidender Bedeutung für die Verwirklichung von Freiheit in der Arbeitswelt. Es wird über Leistung gesprochen, nicht mehr über Arbeitszeit und -ort. Es wird allumfassend über Ziele diskutiert, und das ohne Einschränkung durch Fehlanreize der Boni. Der Vorgesetzte zeigt Interesse am Ergebnis des Mitarbeiters und führt ihn zum Erfolg. Die Führung ist dann gut, wenn sich der ganz überwiegende Teil der Mitarbeiter und die Vorgesetzten gleichermaßen auf die Ergebnisgespräche freuen.

Aber auch der Mitarbeiter trägt Verantwortung, nämlich für sein (individuelles) Ergebnis, sein Handeln und Tun, das durch seine Motivation bestimmt wird. In diesem Sinne führt sich der Mitarbeiter selbst. Das mag im ersten Augenblick überraschen, aber wer soll es sonst tun?

Haben Sie schon einmal einem Mitarbeiter Verantwortung gegeben, wenn dieser es nicht wollte? Haben Sie ihn schon einmal gegen seinen Willen motiviert? Haben Sie ihm schon einmal etwas beigebracht, obwohl er desinteressiert war? Vielleicht haben Sie es versucht, mehr aber wohl nicht. Der Mensch ist eine freie Persönlichkeit, die über sich die Entscheidungshoheit hat. Und das soll in der Rolle als Mitarbeiter auch so bleiben. Das klingt gut, bedeutet aber eben auch Verantwortung für die eigene Motivation. Man wird nicht motiviert, man motiviert sich selbst. Fehlt es an Ergebnissen, weil der Leistungswille fehlt, so wird nicht mehr gefragt, ob der Vorgesetzte genügend motiviert hat, sondern der Mitarbeiter, wie er seine Ergebnisse verbessern will. Er führt sich. Ihm wird Verantwortung nicht gegeben, er nimmt sie an; er ist motiviert, weil er Spaß an der Sache hat; er entwickelt Interesse, weil er etwas gut kann und sich noch weiter verbessern möchte.

Und damit ist der Mitarbeiter für seine Leistung und sein Verhalten mitverantwortlich. Es gibt eine klare Aufgabenteilung: Der Vorgesetzte schafft die Leistungsvoraussetzungen, der Mitarbeiter motiviert (sich selbst).

Das Unternehmen sollte den Mitarbeiter so nehmen, wie er ist. Er hat es verdient, dass man ihn als ganze Persönlichkeit respektiert. Bei neunzig Prozent der Mitarbeiter ist das kein Problem, es sind die Top-Performer und die guten bis befriedigenden Mitarbeiter. Bei um die zehn Prozent kann es Probleme geben, weil sie Freiräume missbrauchen (z. B. wird Homeoffice mit Urlaub verwechselt) oder aus anderen Gründen ihr Leistungsversprechen nicht einlösen. In diesen Fällen sollte man nicht herumdoktern, indem man versucht, an irgendwelchen Stellschrauben des Mitarbeiters zu drehen, was sowieso nicht funktioniert. Der Mitarbeiter ändert sich und seine Führung (von selbst) oder man geht getrennte Wege. Das hat mehr Würde, als sich in einem jahrelangen Prozess schrittweise zu zerstören.

6.3 Führungspersönlichkeiten

Klettert man die Hierarchie nach oben, so findet man neben Fachleuten einen anderen Typus von Mitarbeiter, die Führungspersönlichkeit.[10] Es gibt in Relation zu der großen Anzahl von Führungsaufgaben nicht viele Menschen, auf die diese Bezeichnung zutrifft.

Was zeichnet eine Führungspersönlichkeit aus? Es ist die Fähigkeit, andere in ihren Bann zu ziehen, die Kunst, überzeugend zu reden, Hang und Mut zur Entscheidung, in der Regel sehr schnell Zusammenhänge auch außerhalb des Fachgebietes zu erkennen, Machtbewusstsein, nicht gerne »Götter« neben sich zu dulden und eine Menge Fortüne. Sie sind von sich überzeugt, halten sich anderen Menschen gegenüber daher häufig für überlegen und sind es in der Regel auch. Sie zeichnet ein hohes Maß an Intelligenz, Disziplin und Ehrgeiz aus. Sie führen aufgrund ihrer Persönlichkeit. Ihnen macht Führung Spaß, sie wollen führen, sie wollen Macht. Sie sind in der Lage, Konfrontationen einzugehen und auszuhalten. Sie sind nur bedingt Sympathieträger, aber das ist auch nicht ihr Ansinnen. Ihnen geht es um ihren Erfolg, den sie mit dem Unternehmenserfolg gleichsetzen (wenn nicht, hat man eine Fehlbesetzung und das Unternehmen ein ernsthaftes Problem).

Braucht man solche Führungspersönlichkeiten in Unternehmen? Ein klares Ja, auch wenn ich es schweren Herzens sage, denn ich weiß, dass sie »Fluch und Segen« sein können.

Die Führungspersönlichkeit ist notwendig, denn sie schafft es, ihre Mitarbeiter hinter sich zu vereinen. An der Spitze eines Unternehmens ist das von großem Vorteil. Sie bringt die wesentlichen Entscheidungen auf den Weg. Liegt sie richtig, kann dem Unternehmen nichts Besseres passieren. Sie verfügt über die notwendige Durchsetzungskraft. Aber, wie man so schön sagt, »Gut und Böse liegen eng beieinander«.

Sind die Entscheidungen falsch oder erweisen sich als falsch, dann sieht die Sache anders aus, denn wenn die Führungspersönlichkeit auch diese mangels anderer Erkenntnis mit dem gleichen Durchsetzungsvermögen umsetzt, kann das Unternehmen Schaden nehmen. Insofern ist es besser, man vertraut nicht einer Führungspersönlichkeit an der Spitze eines Unternehmens, sondern zum Beispiel einem Führungsduo oder -trio. Der Weg bis zu den Anteilseignern ist häufig zu lang, sodass diese zu spät reagieren, um Schäden abzuwenden.

Ein anderes Problem ist die Nachfolge. Im Umfeld einer starken Führungspersönlichkeit findet man den Nachfolger selten, eher die »Jasager«. War die Führungspersönlichkeit erfolgreich, wiegt sein Andenken entsprechend schwer.

Wenn ich die Wahl hätte, würde ich der dominanten Führungspersönlichkeit immer ein Führungsduo, -trio oder -quartett, das nicht nur auf dem Papier besteht, vorziehen, denn dann gibt es Korrektive, die vor möglichen Fehlentwicklungen schützen. Aber leider kann man sich das nicht immer aussuchen.

Man findet in unserer heutigen Gesellschaft Führungspersönlichkeiten eher in Unternehmen als in anderen Institutionen. Hier haben sie ein gutes Umfeld, denn Wettbewerb[11] verlangt schnelle Entscheidungen und Reaktionen, wenn das Unternehmen überleben will. Das liegt der Führungspersönlichkeit. Hinzu kommt selbstverständlich auch die bessere monetäre Ausstattung der Managerpositionen.

Unternehmen sind keine Demokratien, sondern kontrollierte Diktaturen mit Regeln, die von außen (Gesetze und Verordnungen) und von innen (Unternehmensleitlinien und -bestimmungen) kommen. Insofern ist die Führungspersönlichkeit, auch wenn sie an der Unternehmensspitze ist, nicht komplett frei in ihren Entscheidungen und ihrem Verhalten. Sie muss sich selbstverständlich genauso wie jeder Mitarbeiter und Manager an alle Unternehmensregeln halten, sonst wird sie unglaubwürdig (siehe hierzu auch Kapitel 12, Unternehmenskultur). Trotzdem ist der Freiheitsgrad in Unternehmen höher als in vielen anderen Institутиonen.

7 Einstellungen

Personal ist notwendig, um den Unternehmenszweck zu erfüllen (siehe Kapitel 1). Damit wird deutlich, dass Einstellungen eine herausragende Stellung innerhalb der Personalarbeit haben. Hinzu kommt, dass sie zu den »spannenden« und interessanten Teilen der HR-Arbeit gehören. Kein Einstellungsverfahren ist wie das andere, jeder Kandidat ist neu zu bewerten, jede offene Stelle beinhaltet ihre besonderen Anforderungen, jede Bewertung eines Kandidaten ist eine Herausforderung, dem ersten Eindruck nicht allein das Feld zu überlassen.

Es gibt grundsätzlich zwei Wege, Personal zu finden: Man »schaut« auf dem Arbeitsmarkt »nach« bzw. bei Schulen oder Hochschulen und Universitäten »vorbei«. Im ersten Fall sucht, und hoffentlich findet, man geeignete Bewerber mit Erfahrung, die eine gute Ergänzung zur vorhandenen Belegschaft sind und mit ihrem Wissen und ihren Fertigkeiten eine wirkliche Verstärkung darstellen. Im zweiten Fall nimmt man Kontakt mit Absolventen von Schulen und Universitäten auf und sucht hier geeignete Kandidaten. Bestenfalls handelt es sich um »Rohdiamanten«, denen man durch Ausbildung und Traineeprogramme den letzten Schliff gibt, sodass sie, um im Bild zu bleiben, als Brillanten mit ihren Fähigkeiten und ihren Ergebnissen überzeugen.

7.1 Schul- und Hochschulmarketing

Die vorstehenden Begriffe passen nicht, haben sich aber eingebürgert. Gemeint sind alle Maßnahmen zur erfolgreichen Gewinnung vielversprechender Absolventen und deren Integration in das Unternehmen.

Wenn man sich dazu entschließt, seinen Personalbedarf zum Teil durch Absolventen zu decken, so handelt es sich um eine langfristige Maßnahme, die zur Abdeckung kurzfristiger Personalspitzen nicht geeignet ist. Es geht um den Grundbedarf an Einstellungen. Dieser lässt sich relativ einfach bestimmen, wie folgendes, nicht fiktives Beispiel zeigt.

Ein Unternehmen der chemischen Industrie stellte im Rückblick der letzten zehn Jahre im Durchschnitt 80 Mitarbeiter p. a. ein, die sich auf 50 Ersatz- und 30 Erweiterungseinstellungen verteilten. Das Unternehmen erwartete keine Strukturbrüche und schrieb das Szenario in die Zukunft fort. Es definierte einen Grundbedarf von 40 Personen, den es über die kontinuierliche Einstellung und Qualifizierung von Absolventen decken wollte.

Bei genauerer Sicht in die Statistik ergab sich folgendes Bild des Grundbedarfs:
   11 Chemielaboranten
   11 Chemikanten und Chemiewerker
   8 Industriekaufleute und Betriebswirte (BA)

6 Chemieingenieure
4 promovierte Chemiker

40 neue Mitarbeiter (Absolventen)

Der Vorstand akzeptierte den Grundbedarf und seine Zusammensetzung. Alle zwei Jahre wurden die Zahlen einer Revision unterzogen. Der Vorstand beschloss, dass der Grundbedarf durch Absolventen mit anschließender Qualifikation durch das Unternehmen gedeckt werden sollte. Die Entscheidung war durch folgende Überlegungen motiviert: Der Arbeitsmarkt gab nicht genügend passende Bewerber her. Es fehlte an spezifischer Qualifikation. Die Gehaltsvorstellungen waren mit der Entgeltstruktur des Unternehmens nicht immer in Einklang zu bringen. Zudem sah der Vorstand einen Vorteil darin, dass man die Absolventen am Anfang ihrer beruflichen Laufbahn sehr gut kennenlernt, was die Entscheidungen für die weiteren Berufsschritte erleichterte und risikoärmer machte. Die Alterspyramide sollte durch die Übernahme von Absolventen verbessert werden, indem man einer Überalterung entgegenwirkte.

Mit dieser Ausrichtung der Einstellungen gingen natürlich Veränderungen, aber auch, für die Größe des Unternehmens, erhebliche Investitionen einher.

Es wurde ein Aus- und Weiterbildungszentrum mit Technikum für mehrere Millionen Euro neu errichtet und unter die Leitung einer Chemikerin und Pädagogin gestellt. Alle Ausbildungsberufe wurden in der neuen Werksschule unterrichtet. Die Räumlichkeiten waren so konzipiert, dass sie auch für Seminare und interne Meetings geeignet waren und entsprechend genutzt wurden. Ein Chemieingenieur und eine Personalreferentin, die die kaufmännische Ausbildung verantwortete, unterstützten die Ausbildungsleiterin.

Die Personalreferentin war auch für das Schulmarketing verantwortlich. Mit neuen Info-Broschüren, regelmäßig mindestens fünfzehn Vorträgen an unterschiedlichen Schulen und zehn Schülerpraktika jährlich sowie regelmäßigen Werksführungen von Schulklassen wurde eine Informations- und Interessenbasis gelegt, die zu guten Bewerbungen in ausreichender Zahl führte.

Grundlage des Erfolges war aber nicht allein das verstärkte Schulmarketing, sondern auch und gerade die Tatsache, dass kontinuierlich eingestellt und bei Eignung in die Festanstellung übernommen wurde. Dies sprach sich herum und führte mit der Zeit zu einer Vielzahl von Initiativbewerbungen.

Im Hochschulbereich ging man wie folgt vor: Fach- und Personalabteilung nahmen sich des Themas gemeinsam an. Es wurden zu zwei fachlich gut positionierten Universitäten der Region und zu zwei Fachhochschulen enge Kontakte aufgebaut. Begabte Studenten bekamen auf Empfehlung der Professoren Praktikumsplätze und konnten ihre Diplomarbeit in

Kooperation mit dem Unternehmen schreiben. Damit war der Grundstein für eine weitere Zusammenarbeit gelegt.

Vorträge in beide Richtungen ergänzten das Programm. Des Weiteren besuchte die Personalabteilung, unterstützt von jungen Wissenschaftlern, ca. fünf Hochschulmessen p. a.

Das Unternehmen musste sich gegen die Konkurrenz von Weltkonzernen der chemischen und der erdölverarbeitenden Industrie behaupten. Es war ein Hersteller chemischer Spezialitäten, der mit überlegenen Produkten, basierend auf kreativer Forschung und Entwicklung, auf seinem relevanten Markt gegen jeden Konkurrenten bestand. Diesen Ehrgeiz besaß man auch für den Markt der Absolventen.

Man unterbreitete folgendes Angebot: Der Absolvent erhält einen unbefristeten Anstellungsvertrag. Die ersten zwei Jahre sind als Trainee-Zeit definiert und mit einem fairen Gehalt und definierten überdurchschnittlichen Gehaltssteigerungen versehen. Während der Trainee-Zeit bekommt der Absolvent die Chance, sich kompetent in ein wichtiges Thema des Unternehmens einzuarbeiten, und zwar mit Unterstützung eines erfahrenen, sehr guten Mitarbeiters, der mit Rat und Tat zur Seite steht und als Mentor fungiert. Er ist für die ersten Erfolge des Absolventen mit verantwortlich. Ziel ist es, dass jeder Trainee zum Erfolg geführt wird und die Aufmerksamkeit der Unternehmensleitung erlangt.

Das Traineeprogramm beinhaltete keine Abteilungs-wechsel, dafür aber die intensive Einarbeitung in eine wichtige Aufgabenstellung des Unternehmens. Der Absolvent sollte sichtbaren Erfolg haben, um Sicher-heit zu gewinnen. Mehrere Seminare fanden während der Trainee-Zeit statt. Sie hatten neben Wissensver-mittlung vor allem die Netzwerk-Schaffung der Absol-venten zum Ziel.

Die Abteilungen und Bereiche zeigten sich am Anfang reserviert. Hier zeigte sich ein klassischer Interessen-konflikt zwischen Unternehmen und Bereichen. Letz-tere müssen auf ihr Ergebnis achten und bevorzugen deshalb »fertige« Bewerber vom Markt, die am Anfang den Absolventen überlegen sind, da sie »sofort laufen können«. Das Argument, dass Trainees nach zwei bis drei Jahren den externen Bewerbern ebenbürtig sind und sie teilweise sogar übertrumpfen, stach nicht, da die aktuelle Personalnot der Bereiche mehr wog als der Ausblick in einigen Jahren. Das Unternehmensin-teresse lag demgegenüber bei der Einstellung und Ausbildung der Absolventen.

Gelöst wurde das Thema durch einen einfachen Kunstgriff. Die Absolventen wurden während ihrer Trainee-Zeit zentral gezählt und damit den Berei-chen als Mitarbeiter nicht zugerechnet. Der Bereich war aber verpflichtet, »seinen« Trainee am Ende der zweijährigen Qualifikation weiter zu beschäftigen, soweit keine objektiven Gründe dagegen sprachen. Die Kosten wurden analog behandelt: zunächst das

Unternehmen, nach zwei Jahren der Bereich. Damit war das Eis gebrochen und Trainees waren in den Abteilungen willkommen. Dem Unternehmen gelang es, über das konsequente Setzen auf die Karte »Trainees« den schrittweisen Aufbau einer hochqualifizierten, gut vernetzten Klasse von Mitarbeitern zu realisieren, die nach und nach über individuelle Karrieren auf allen Hierarchiestufen zu finden waren oder sich als Spezialisten etablierten. Die Identifikation mit dem Unternehmen war und blieb hoch, sodass der Wechsel zu anderen Unternehmen und Wettbewerbern in vertretbaren Grenzen blieb.

Ich habe damals als junger Personalreferent das Konzept für die Ausbildungsoffensive sowohl für Schüler als auch für Universitätsabsolventen erarbeitet. Dies beinhaltete die langfristige Personalplanung, die Investitionsrechnungen, die Definition der Personalausstattung, die Darlegung des Schul- und Hochschulmarketings mit allen Teilschritten und schließlich die Einholung der Genehmigung des Vorstandes.

Wesentlich später habe ich dann ein Traineeprogramm, wie oben beschrieben, bei einem weltbekannten Großanlagenbauer umgesetzt und als Bereichsleiter Personal verantwortet. Das Unternehmen hatte über Jahre zwischen 30 und 50 Trainees unter Vertrag. Zum Erfolg kann ich nur sagen: »Siehe oben.«

In beiden Unternehmen wurden die Traineeprogramme zu Selbstläufern, denn Trainees zogen über ihre Kontakte zu den Universitäten neue, hochqualifizierte Interessenten nach. Was will man mehr?

7.2 Klassische Einstellung

Natürlich braucht ein Unternehmen auch Einstellungen vom Arbeitsmarkt, wobei ich hier grundsätzlich sowohl die konkreten (Arbeitssuchende) als auch die potentiellen (Mitarbeiter anderer Unternehmen) Kandidaten meine. Das Unternehmen bedarf der Befruchtung mit neuen Ideen, Werten und Verbindungen von außen, sonst schmort es im eigenen Saft und merkt es nicht. Die Frage, welchen Anteil an den Einstellungen der Arbeitsmarkt haben sollte, wird von den Unternehmen sehr unterschiedlich beantwortet. Die Bandbreite reicht von »nur im Notfall«, also wenn Ausbildung und Hochschulmarketing nicht für eine adäquate Stellenbesetzung sorgen können, bis hin zu einhundert Prozent. Es kommt sicherlich auch darauf an, welche Qualität und Quantität an Bewerbern der Arbeitsmarkt für ein Unternehmen zu bieten hat, und natürlich auch zu welchen Bedingungen. Ich persönlich favorisiere den goldenen Mittelweg, also einen Anteil von fünfzig Prozent externer Einstellungen.

Recruiting vom Arbeitsmarkt erfolgt im Prinzip auf drei Wegen: Anzeige in Printmedien, Auftritt im Internet, Unterstützung durch einen Personalberater.

Über den richtigen Recruitingweg lässt sich trefflich streiten. Ich persönlich bevorzuge einschlägige Internetportale und natürlich die eigene Internetseite als Eingangstür für Initiativbewerbungen. Für die erfolgreiche und effiziente Nutzung ist allerdings Personal erforderlich, und zwar mehr, als man denkt. Die Internetrecherche macht sich nicht von allein, und ein vernünftiges Bewerbermanagement, das den Namen verdient, auch nicht, obwohl bei Letzterem der Aufwand durch aktuelle Softwareprodukte rückläufig ist. Eine professionelle Internetrecherche schafft Markttransparenz und ist eine Quelle für interessante Kandidaten, insofern unverzichtbar für ein modernes Unternehmen. Der zügige Umgang mit Bewerbungsunterlagen sowie der damit verbundene Schriftwechsel, die Organisation und Terminierung der Vorstellungsgespräche, das alles trägt zum guten Ruf eines Unternehmens bei. Für beide Aufgaben zusammen liegt die kritische Größe bei zwei Mitarbeitern. Können Sie diese nicht auslasten, vergeben Sie die Aufgaben nach außen.

Der Anzeige kommt auch im Internet eine besondere Bedeutung zu. Die Gestaltung sollte modern sein und über einen hohen Wiedererkennungswert verfügen. In Abstimmung mit der Abteilung Öffentlichkeitsarbeit kann hier auch gerne eine andere Bildersprache verwandt werden als sonst im Unternehmen üblich. Die Anzeigen müssen dem Leser eine Aussage vermitteln, die die Unternehmensphilosophie (kreativ, traditionell, wissenschaftlich, technisch, produktiv, etc.) charakterisiert und somit eine wertvolle Information für den Bewerber darstellt. Eine solche Anzeige kann man in der Regel ohne Hilfe nicht erstellen. Beziehen Sie hier kreative und gewandte Anzeigendesigner ein. Beachten Sie bitte, die Anzeige so zu gestalten, dass sie die richtige Zielgruppe von Bewerbern anspricht. Dazu ist es im Prinzip erforderlich, in die Rolle der potentiellen Bewerber zu schlüpfen. Die eigene Sicht ist nicht gefragt. Man muss vielmehr ein Stück weit neben sich treten. Das ist nicht einfach!

Das gilt mutatis mutandis natürlich auch für Anzeigen in Printmedien.

Es gibt immer wieder Situationen, die es erforderlich machen, Personalberater einzuschalten. Ich habe während meiner Karriere die Zusammenarbeit auf ein Mindestmaß reduziert, mich im Einzelfall aber auf zwei renommierte Partner gestützt, auf die ich mich verlassen konnte.

Am Einstellungsverfahren müssen Fach- und Personalabteilung gleichermaßen und gleichberechtigt teilhaben. Beide Seiten dürfen nur einvernehmlich einstellen. Ob die Gespräche gemeinsam oder einzeln stattfinden, ist nebensächlich. Neben der Zeugnisanalyse sollten in der Regel zwei Gespräche reichen, um eine Einstellungsentscheidung herbeizuführen.

Zur Unterstützung und Verbesserungen der Auswahl werden gerne Tests, Fragebögen und Assessments eingesetzt. Nach meiner Erfahrung verbessern sie die Auswahl nicht, im Gegenteil, wenn ein Verfahren die Auswahl bestimmt, geht die persönliche Verantwortung verloren. Wenn Sie zu viel Zeit und Geld haben, setzen Sie die Verfahren ein, sonst nicht. Versuchen Sie lieber, je nach Größe des Unternehmens, einen oder mehrere Mitarbeiter mit hoher emotionaler Intelligenz für das Recruiting zu gewinnen. Mit entsprechender Erfahrung liefern sie fast immer ein zutreffendes Bewerberbild und stellen die Einstellungen auf eine gute Basis.

Neben der Auswahl des Bewerbers spielt dessen Integration eine wichtige Rolle bei der Frage, ob am Ende des Tages die Einstellung ein Erfolg wird oder nur Geld kostet. Eine Integration erfolgt am Anfang oder nie. Hier sind das Unternehmen, der Vorgesetzte und die Kollegen gefordert: das Unternehmen durch Organisation zum Beispiel eines Einführungstages »Das Unternehmen stellt sich vor«. Der Vorgesetzte, indem er für das notwendige Arbeitsequipment vom ersten Tag an sorgt und am Anfang Aufgaben vergibt, die einen persönlichen Erfolg ermöglichen. Das schafft Sicherheit und die Bereitschaft für weitere Herausforderungen. Die Kollegen, indem sie »den Neuen« in ihre Gemeinschaft aufnehmen. Eine kleine Aufmerksamkeit am Anfang, zum Beispiel ein Blumenstrauß, bricht das Eis und wirkt Wunder.

Auch mit noch so viel Sorgfalt bei Einstellung und Integration kann es zu Fehlbesetzungen kommen. Für das Unternehmen bedeutet das gegebenenfalls erhebliche Kosten ohne entsprechende Gegenleistung, für den neuen Mitarbeiter eventuell einen Karriereknick oder im schlimmsten Fall Arbeitslosigkeit. In den meisten Fällen scheitern Einstellungen nicht am Wissen oder Leistungsverhalten, sondern an den unerfüllten Erwartungen oder falschen Vorstellungen auf beiden Seiten oder einfach an der »Chemie«.

Nach meiner Erfahrung sind mit Einstellungen vom Arbeitsmarkt höhere Risiken verbunden als mit Schul- und Universitätsabsolventen. Außerdem liegen die Kosten erheblich höher, möchte sich doch jeder Bewerber bei einem Unternehmenswechsel deutlich verbessern.

8 Persönlichkeitsentfaltung

Kehren wir noch einmal an den Anfang dieses Buches zurück. Der erste Leitsatz des ersten Kapitels lautet: »Das Unternehmen hat es mit im Grundsatz fertigen Persönlichkeiten zu tun.« Das heißt, und hier darf ich es noch einmal ins Gedächtnis rufen, die körperlichen und geistigen Anlagen sind gelegt, man kann sie verbessern oder auch verschlechtern.[12] Sie neu zu definieren, im Sinne, dass Anlagen verloren gehen oder neue entwickelt werden, ist, soweit es überhaupt möglich ist, mit sehr hohem Aufwand verbunden. Und diesen Aufwand haben Unternehmen und Mitarbeiter gleichermaßen. Das hat dann in der Regel nichts mit Lernerfolg und Karriere zu tun, sondern mit versenktem Geld sowie Mühsal und Entwicklung auf maximal Durchschnittsniveau. Daraus folgt im Interesse von Unternehmen und Mitarbeitern unmittelbar, nicht gegen Begabungen, Fähigkeiten und Eigenschaften aus- und weiterzubilden. Sie werden wahrscheinlich sagen: »Das liegt doch auf der Hand.« Sie haben recht, aber in der Realität »unternehmerischer Personalentwickler« wird dagegen zuhauf verstoßen. Zunächst aber noch einige Beispiele zur Untermauerung der These, mit Talent und Anlagen (und entsprechendem Interesse) geht (fast) alles, ohne oder gegen sie sind Fleiß und Ausdauer für die Katz.

Beginnen möchte ich mit dem Berufssport, weil hier die Frage von Anlage und Talent breit akzeptiert ist.

Wenn jemand das Talent zum Fußballspielen hat und von Kindesbeinen an trainiert, mag er es zum Profi schaffen. Das setzt aber eine mehr als ein Jahrzehnt dauernde Ausbildung und Tausende von Ballkontakten voraus, und natürlich jede Menge Talent. Aber selbst wenn Talent und Fleiß vorhanden sind, können fehlende Körpergröße und Statur noch einen Strich durch die Rechnung machen: Wer nicht nur im örtlichen Schwimmverein Pokale gewinnen möchte, wird als Mann eine Körperlänge von etwa 1,90 m aufweisen müssen. Sonst wird der Trainingsfleiß wohl nicht belohnt.

Auch im Bereich der klassischen Musik werden Talent und jahrzehntelanges Üben als Voraussetzung für Erfolg gesehen und von Fachleuten unbestritten anerkannt.

Aber auch weniger im Rampenlicht stehende Berufe setzen Begabungen voraus, auf die sich mit Anleitung und Übung eine Berufskarriere aufbauen lässt, deren Fehlen aber zum Scheitern führt. Als Uhrmacher oder Uhrmachermeister benötigt man eine ausgeprägte Feinmotorik und ein gutes räumliches Vorstellungsvermögen. Ein Chirurg ohne gute Feinmotorik ist nicht vorstellbar. Ingenieure des Rohrleitungsbaus, die bei der Konstruktion und Realisierung komplexer chemischer Anlagen eingesetzt werden, benötigen ein ausgeprägtes räumliches Denkvermögen, Dolmetscher Sprachtalent, Dirigenten neben sehr hoher Musikalität ein sehr gutes Gehör, Mathematiker einschlägiges Talent, Verkäufer den Willen zum Abschluss und die Zugewandtheit zu anderen Menschen und, und, und. Man kann die Liste beliebig fortsetzen. Selbst bei Anlernberufen spielt die Persönlichkeit eine Rolle, wie im Einzelfall sehr unterschiedliche Arbeitsergebnisse zeigen.

Aber nicht nur Begabung, Fleiß und Interesse beeinflussen das Ergebnis, sondern auch und gerade die Liebe oder, etwas nüchterner ausgedrückt, die Einstellung zum Beruf. Ohne Identifikation und Liebe vollbringt man in keinem Beruf Großes. Und genau diese Komponenten sind bei fertigen Menschen, die Mitarbeiter nun einmal sind, nicht zu »entwickeln oder zu trainieren«. Man hat sie oder nicht.

Üben und Lernen sind dann besonders erfolgreich, wenn sie auf den Anlagen, Begabungen und Stärken des Mitarbeiters aufsetzen. Sie sind deshalb so fruchtbar, weil sie die Persönlichkeit nicht ändern, sondern entfalten. Die Persönlichkeit wird so akzeptiert, wie sie ist. Sie ist wertvoll, weil einzigartig. Training sucht die Talente und baut darauf auf. Wenn man so will, wird die Person noch etwas wertvoller und für sich selbst zufriedener. Beides muss miteinander im Einklang stehen, dann erzielen Aus- und Weiterbildung die größte Wirkung. Nur wer den Mitarbeiter als Persönlichkeit kennt, kann effizient aus- und weiterbilden. Basis für eine erfolgreiche Bildung ist der Charakter, der Liebe und Identifikation zum Beruf gibt oder nimmt. Im ersten Fall wird sich der Mitarbeiter dem Training und den Übungseinheiten stellen, im zweiten Fall ihnen ausweichen.

Persönlichkeitsentfaltung ist Teil der Personalentwicklung, sozusagen die positive, erfolgreiche Teilmenge. Personalentwicklung beinhaltet aber mehr, denn sie wird auch als Instrument gesehen, Schwächen zu beseitigen oder Wissenslücken zu schließen, die durch Seminare aber leider nicht zu beseitigen sind. Und das ist die ineffiziente Seite der Personalentwicklung. Im günstigsten Fall kostet sie nur Zeit und Geld, schlimmer wird es, wenn sich Halbwissen verbreitet oder Frustration die Folge ist.

Eine gute Aus- und Weiterbildung setzt eine ausgezeichnete Kenntnis der Stärken der Mitarbeiter und ihrer Charaktere voraus. Hier muss man ansetzen. Gefordert sind an erster Stelle die direkten Vorgesetzten, die über die tägliche Zusammenarbeit und Gespräche die Stärken der Mitarbeiter am besten aufspüren können. Es sollte aber auch selbstverständlich sein, dass die Mitglieder der Geschäftsleitung (erste und zweite Ebene des Unternehmens) regelmäßig Gespräche zur Talentsuche führen, um schrittweise einen eigenen Überblick zu bekommen und sich ein eigenes Bild zu machen. Dabei darf es nicht bei einem Gespräch pro Mitarbeiter bleiben, wenn der Prozess sinnvoll sein soll. Ich empfehle trotz überbordendem Terminkalender zwei Gespräche pro Woche.

Die Vorgesetzten teilen ihr Wissen bezüglich der Begabungen mit der Personalabteilung, die individuelle Trainingspläne erstellt und das Einverständnis der Mitarbeiter einholt. Schwerpunkt sollten Maßnahmen mit

Substanz sein, zum Beispiel ein zweijähriger Auslandsaufenthalt, nebenberufliche Masterabschlüsse, Meisterausbildungen, Weiterbildung zum Fremdsprachenkorrespondenten, Speditionsfachmann, Bilanzbuchhalter, Schweißfachingenieur, Steuerberater, Wirtschaftsprüfer, Aktuar oder Fachanwalt etc. Eine akzeptierte Regel ist, das Unternehmen finanziert die Maßnahme, der Mitarbeiter bringt seine Zeit ein und bindet sich per Vereinbarung für zwei Jahre an das Unternehmen.

Für Führungsnachwuchs- und Führungskräfte haben spezielle Führungstrainings oberste Priorität. Es geht darum, Führung im Sinne dieses Buches zu leben: Mitarbeiter zum Erfolg führen, die Arbeitsvoraussetzungen schaffen und Leistung und Ergebnis in den Mittelpunkt stellen, nicht aber die Motivation des Mitarbeiters. Führungsseminare von der Stange können das in der Regel nicht leisten. Sie gehen von einem Rollenverständnis »hier Führungskraft, dort Mitarbeiter« aus, die Eigenführung des Mitarbeiters wird ausgeblendet, die Motivation des Mitarbeiters in die Verantwortung des Vorgesetzten gegeben. Und genau das ist falsch (vergl. Kapitel 6). Entwickeln Sie Führungstrainings für Ihr Unternehmen auf der Basis der vorgestellten Führungsüberlegungen und führen Sie diese mit stetiger Wiederholung und guten Trainern durch. Die Trainer müssen den Führungskräften auch im Alltag zur Verfügung stehen, um bei Bedarf mit Rat und Tat zur Seite zu stehen. Es ist eine Mischform aus Seminaren und fallweisem Coaching, die ich für die Beste und substantiierteste Form der Weiterbildung halte.

Erst an zweiter Stelle kommen Fachtagungen und Fachseminare. Werden auf Fachtagungen eigene Vorträge gehalten, dann gewinnt der Besuch natürlich an Priorität, denn es handelt sich ein Stück weit auch um »Werbung« für das Unternehmen.

Seminare zum Verhalten, zum Beispiel Rhetorik, Verkauf, aktives Zuhören, Teambildung, Präsentation oder Zeitmanagement etc. sehe ich kritischer, und zwar auch dann, wenn sie von Mitarbeitern mit entsprechenden Stärken besucht werden, weil ihre Wirkung aufgrund ihrer kurzen Zeitdauer natürlich begrenzt ist.

Aber sehr häufig ist die Wirkung gleich Null, denn gerade die Verhaltensseminare werden gerne als »Schwächenbeseitiger« missbraucht. Sie sind dann reine Geld- und Zeitverschwendung, da sie an den Begabungen der Mitarbeiter vorbeigehen. Entlarvend sind die Begründungen. »Mitarbeiter M macht sich wirklich gut, aber bei der Mitarbeiterführung tut er sich schwer.« »Verkäufer V betet die Produkteigenschaften herunter, ohne den Kunden nach seinen Bedürfnissen zu fragen.« »Ingenieur I bleibt immer bis spät in die Nacht im Büro, der braucht Unterstützung beim Zeitmanagement.« »Personalreferentin P referiert so, dass man einschläft. Sie muss präsentieren lernen.« Lehnen Sie solche Seminarwünsche einfach ab. Leben Sie stattdessen mit den Schwächen der Mitarbeiter und gestalten Sie mit dem Mitarbeiter zusammen seine Arbeit so, dass die Schwächen keine oder so gut wie keine Rolle spielen. Das kann bis zum Arbeitsplatzwechsel gehen.

Den Vogel aber schießen interne, in der Regel halbtägige, maximal aber eintägige, Fachseminare für alle (Führungskräfte) ab. Sie vernichten nicht nur Ressourcen, sie können auch schaden. Beliebte Beispiele sind »Arbeitsrecht für Führungskräfte« oder »Betriebswirtschaft für Ingenieure«. Wenn der Inhalt des Arbeitsrechtsseminars wie folgt wäre: »Die Materie ist sehr komplex und setzt ein juristisches Studium und mehrjährige Praxis voraus. Deshalb wenden Sie sich bei allen Arbeitsrechtsfragen an die Personalabteilung. Insbesondere sind die Themen .... betroffen«, würde kein Schaden entstehen. Man könnte zudem anhand von Beispielen auf Stolpersteine in der Praxis eingehen, mehr nicht. Das Seminar wäre kurz, aber inhaltlich korrekt. So ist das aber leider nicht, schließlich will und muss der Referent für sein Geld etwas bieten. Er streift viel, vertieft nichts und lässt die Führungskräfte mit Halbwissen zurück. Nicht weil er schlecht ist, sondern weil er keine Zeit hat und die Zuhörer keine Vorkenntnisse haben. Führt das Seminar dazu, dass einzelne Führungskräfte ihre Personalthemen selbst in die Hand nehmen, so ist der Schaden vorprogrammiert. Das Gleiche kommt vor, wenn Ingenieure den Deckungsbeitrag in der Kalkulation entdecken und dabei die Vollkosten übersehen oder aus dem Blick verlieren.

9 Team

»2 und 2 ist 5« oder *»Toll, Ein Anderer Macht's«?*

Kein Mitarbeiter ist isoliert tätig. Die Mitarbeiter stehen in Kontakt zueinander, nicht jeder zu jedem, aber jeder mit einem Kreis von etwa fünf bis zwanzig Kollegen aus der Abteilung und aus anderen Abteilungen. Im Einzelfall kann der Kreis deutlich größer sein. Die Zusammenarbeit ist unterschiedlich intensiv, auch unterliegt der Kollegenkreis, mit dem man zusammenarbeitet, ständigen Veränderungen. Die Zusammenarbeit erfolgt mündlich oder schriftlich, durch Weitergabe oder Empfang von Arbeitsergebnissen und Informationen, durch gemeinsame Besprechungen, durch ein- oder gegenseitige Hilfe, durch Organisation und Koordination etc. Nicht jedem Mitarbeiter liegt die Zusammenarbeit gleich gut, aber sie ist Unternehmensalltag, dem sich jeder Mitarbeiter stellt. Es ist ein natürlicher Vorgang, den jeder Mensch beherrscht, weil er Zusammenarbeit von frühester Kindheit an durch Spielen mit anderen erlernt hat.

Ist ein Unternehmen damit per se eine Arbeitsgemeinschaft? Bis zu einer gewissen Größe häufig ja, insbesondere dann, wenn an einem Standort gearbeitet wird. Wird das Unternehmen größer, zerfällt es in Arbeitsgruppen, deren Anzahl mit der Größe des Unternehmens zunimmt. Das ist normal. In der Verhaltensbiologie spricht man von Familien (eigene Gruppe) und Nachbarschaften (fremde Gruppen).

Arbeitsgruppen sind also nichts Besonderes, sie entstehen aus der Notwendigkeit der Zusammenarbeit, man trifft sie in der Arbeitswelt überall an und Menschen können von Kindesbeinen an damit umgehen.

Gleichwohl haben sich Organisations- und Verhaltensforschung intensiv mit dem Thema Team befasst. Team wird zu diesem Zweck enger als alltägliche Arbeitsgruppen definiert. Es geht um Arbeitsgemeinschaften, die besonders eng zusammenarbeiten, um ein von Anfang an definiertes Ziel gemeinsam zu erreichen. Die Zusammensetzung ist definiert, aber änderbar. Es gibt einen oder zwei Teamleiter, die Teammitglieder sind in Vollzeit oder Teilzeit für das Team tätig. Nach Abschluss der Arbeit löst sich das Team auf.

Die Zusammenarbeit wird in der Regel durch Protokolle, regelmäßige Teamsitzungen und Definition von Meilensteinen gesteuert. Dies ist für die Arbeit des Teams erforderlich, aber aufwendig und belastet die Effizienz, da der Stundenaufwand für Abstimmung, Koordination, Information, Besprechungen, Statusbestimmungen etc. hoch ist.

Ein zweiter Punkt kommt hinzu. In einer Gruppe lässt gegebenenfalls die Leistung des einzelnen Mitarbeiters nach. In seinem Buch »Die Kunst des klaren Denkens«[13] beschreibt Rolf Dobelli das Problem des Social Loafing (soziales Faulenzen). Die Erkenntnis geht zurück auf den französischen Ingenieur Maximilian Ringelmann, der 1913 feststellte, dass zwei Pferde als

Zugtiere nicht die doppelte Leistung erbringen wie ein Pferd. Auch beim Menschen konnte er diesen Effekt nachweisen, und zwar beim Tauziehen. Zwei Personen setzten im Durchschnitt jeweils 93 Prozent der Kraft eines einzelnen Menschen ein, drei Personen jeweils 85 Prozent usw. Die Leistung sinkt mit der Anzahl der Personen, allerdings nicht auf null. Dieser Effekt tritt dort auf, wo nicht die Leistung des Einzelnen zu erkennen ist, sondern nur die Leistung der Gruppe.

Der Einzelne kommt auch mit weniger Leistung aus, ohne dass es auffällt. Dieser Effekt tritt kulturbedingt nicht überall in gleicher Stärke auf, bei Europäern und Amerikanern ist er stärker als bei Asiaten, soweit in deren Kultur die Gruppe dominiert.

Beide Probleme ziehen die Effektivität der Teamarbeit nach unten und man sollte sie deshalb meiden. So weit, so gut. Warum findet man sie trotzdem immer wieder vor? Sie ist modern, und viele glauben unreflektiert den Teamtrainern und ihrem »2-und-2-ist-5-Prinzip«. Ein weiterer und entscheidender Grund sind Aufgabenstellungen, die nur außerhalb der normalen Organisation in speziellen Teams abgewickelt werden können.

Ich war fünfzehn Jahre Bereichsleiter Personal eines der bedeutendsten Großanlagenbau-Unternehmen in Deutschland. Das Unternehmen erzielte 80 Prozent seines Umsatzes im Ausland und hatte einen Akademikeranteil von 90 Prozent. Aufträge hatten eine sehr hohe Komplexität und nicht selten ein Auftragsvolumen von mehreren 100 Millionen Euro. Aufträge dieser Größenordnung müssen durch ein Projektteam, auch Task Force genannt, abgewickelt werden.

Teamarbeit gibt es im Großanlagenbau seit mehr als 100 Jahren, lange bevor sie auf breiter Front in Deutschland modern wurde.

Bei Projekten mit höherer Komplexität und/oder größerem Auftragsvolumen wird die Task-Force-Organisation angewandt. Sie ersetzt für eine bestimmte Anzahl von Mitarbeitern zeitlich befristet die im Organigramm abzulesende Organisation, denn sie wechseln in ein Projektteam.

Ein genau definiertes Projekt wird einem Projektdirektor übergeben. Er stellt in Abstimmung mit den funktionalen Abteilungsleitern sein Team zusammen. Neben den Ingenieurdisziplinen sind auch kaufmännische Bereiche mit ihren Mitarbeitern in der Task Force vertreten, da das Projekt wie ein Unternehmen auf Zeit geführt wird. Die Projektmitarbeiter arbeiten in Voll- oder Teilzeit im Projektteam, teilweise über die gesamte Projektlaufzeit (bis zu drei Jahre), teilweise für bestimmte Zeitabschnitte. Die Mitarbeiter werden räumlich zusammengefasst. Die Vorgesetztenfunktion wechselt befristet auf den Projektleiter. Sehr große Projektteams können mehrere Hierarchiestufen beinhalten.

Die Teammitglieder sind Spezialisten. Sie erhalten definierte und abgegrenzte Aufgaben. Auch wenn am Ende der Projekterfolg, also der gemeinsame Erfolg, ausschlaggebend ist, so wird darauf geachtet, dass die Einzelleistungen abgrenzbar und bewertbar sind. Entscheidend für das Unternehmen ist der Projekterfolg, denn das Projekt, zum Beispiel in Form einer schlüsselfertigen Anlage, und nicht die Einzelleistung erwirbt und bezahlt der Kunde. Der Projekterfolg wird aber als Resultat von Einzelleistungen verstanden, sodass diese und deren Koordination im Blickpunkt stehen. Es sind die Notwendigkeiten des Projekts, die zum Team führen, nicht die Erwartung besonderer Effekte, weil sich Teammitglieder gegenseitig beflügeln (2 und 2 ist 5). Durch die Sicht auf die Einzelleistungen soll das soziale Faulenzen möglichst unterbunden werden.

Teamorganisation ist nicht gut oder schlecht, sondern zweckmäßig oder nicht. Setzen Sie sie nur bei erwiesener Notwendigkeit und mit klarem Blick auf die Einzelleistungen der Teammitglieder ein.

10 Karriere

Karriere ist ein hierarchischer Aufstieg. Er ist verbunden mit mehr Verantwortung, mehr Befugnissen, mehr Macht und mehr Geld, aber auch mit mehr als acht Stunden täglicher Arbeitszeit sowie sachlicher und geographischer Flexibilität. Nicht jeder Mitarbeiter strebt eine Karriere an oder ist geeignet für einen Aufstieg. Umso wichtiger ist es, dass sich Mitarbeiter darüber im Klaren sind, ob sie eine Karriere wirklich wollen. Auch das Unternehmen muss seinen Beitrag leisten, indem es immer wieder von neuem hinterfragt, wer für eine Karriere infrage kommt und wie weit der individuelle Aufstieg gehen sollte.

In manchen Unternehmen wurde neben der hierarchischen Karriere eine weitere Form des Aufstiegs kreiert und parallel ermöglicht: die Karriere als Spezialist. Ausgewiesenen Fachleuten, eben Spezialisten, soll so die Möglichkeit gegeben werden, auch ohne Personalverantwortung und häufig Sachverantwortung Karriere zu machen. Triebfeder ist allein das überragende Wissen.

Das Ganze ist gut gemeint, hat aber einige »Pferdefüße« in sich:

Es besteht die teure Tendenz, die Führungsmannschaft deutlich zu erweitern, denn Sie glauben nicht, wie viele Spezialisten Ihr Unternehmen »beherbergt«.

Lassen Sie die »Spezialisteninflation« nicht zu, setzen Sie sich leicht dem Vorwurf aus, Fachleute nicht genügend zu schätzen und eine wirkliche Parallelkarriere als Spezialist nicht zu wollen und einige Karrieren lediglich als Feigenblatt zu nutzen.

In der Regel kommt nur eine bestimmte Mitarbeitergruppe, zum Beispiel Forscher, in den Genuss einer Spezialistenkarriere. Dies löst bei anderen naturgemäß Neidgefühle aus.

Die meisten Fachleute kommen auch mit einer klassischen Hierarchiekarriere gut klar, zumal sie für die ersten Stufen der Hierarchie (Gruppen- und Abteilungsleiter, Meister und Betriebsleiter, Labor- und Vertriebsleiter etc.) dringend gesucht und gebraucht werden. Wird eine Spezialistenkarriere ermöglicht, fühlen sich Fachleute stark davon angezogen, was zu Lasten der klassischen Karriere geht. Es entsteht eine Fehlallokation von Fachkräften.

Schließlich und endlich, welche Fachleute benötigen eigentlich eine Spezialistenkarriere? Strenggenommen nur diejenigen, die ein hervorragendes Wissen haben, aber keine Personal- und Sachverantwortung übernehmen können (nicht möchten!). Haben Sie davon viele in Ihrem Unternehmen? Wahrscheinlich sind es bei näherer Betrachtung nur wenige. Hier helfen individuelle Lösungen, ohne dass man eine Parallelkarriere aufbauen muss.

Ich verrate nicht zu viel, wenn ich sage, dass ich der Spezialistenkarriere skeptisch gegenüberstehe und von ihrer Einführung abrate, auch wenn sie gerade »modern« ist. Sie ist nicht erforderlich und in der Praxis mit zu vielen Verwerfungen verbunden.

Karriere ist Zukunft, und zwar nicht nur nahe, sondern auch ferne. Zeiträume von zehn, zwanzig und sogar dreißig Jahren sind normal, in denen sich Karrieren entfalten. So darf es nicht überraschen, dass Karrieren mit großen Unsicherheiten verbunden sind. Bilderbuchkarrieren sind die Ausnahme. Viel häufiger hält der Karrierepfad Überraschungen parat: Er beinhaltet ungeahnte Aufgaben und Herausforderungen ebenso wie unbekannte Kulturen auf internationalem Parkett. Am besten wappnet man sich mit einer entsprechenden Erwartungshaltung, das heißt mit sachlicher und räumlicher Flexibilität, Neugierde, Risikobereitschaft und Spaß an Herausforderungen.

Apropos Karrierepfade. Gerade in jungen Jahren sind Mitarbeiter für das Aufzeigen von Musterkarrieren sehr empfänglich, suggerieren diese doch eine gewisse Planbarkeit, auch wenn sie nur als Beispiele gedacht sind. Wo steht man, wenn alles gut läuft, in zehn Jahren, und über welche Stationen in welchen Zeitabständen fährt der Karrierezug? In diesem Zusammenhang fragen auch Unternehmen im Umkehrschluss gerne, wo sich der Mitarbeiter in zehn Jahren sieht. Beides ist problematisch. Auch wenn der Karrierepfad nur als Beispiel gedacht ist, löst er Erwartungen aus, die sehr schnell in Enttäuschungen umschlagen können, wenn er zu optimistisch war. Es folgen Diskussionen, Vertröstungen, Verdruss und im schlimmsten Fall der Weggang eines begabten Mitarbeiters, in den man investiert hat. Die Frage des Unternehmens ist schlicht unseriös. Meine Empfehlung: Verzichten Sie auf Karrierepfade und Prognosen in die ferne Zukunft. Helfen Sie stattdessen dem Mitarbeiter bei seiner individuellen Karriere. Wie das geht, erläutere ich in Abschnitt 10.2 dieses Kapitels.

10.1 Mitarbeitersicht

Was kann ein Mitarbeiter für seine Karriere tun?

Gerade wenn man am Anfang seines hoffentlich erfolgreichen Berufslebens steht, sollte man sich ein erfolgreiches Unternehmen als Arbeitgeber suchen, das interessante Arbeitsplätze bietet, die zu einem passen und die eine Tätigkeit versprechen, die Spaß macht, den eigenen Fähigkeiten entspricht und deshalb mit Freude leicht von der Hand geht.

Ein erfolgreiches Unternehmen bietet in hohem Maße die Chance auf persönlichen Erfolg. Es wächst und schafft nicht nur sichere, sondern auch immer wieder neue Arbeitsplätze auf allen Hierarchieebenen, eine Voraussetzung für gute Karrierechancen. Zudem verfügt es über ausreichende Mittel, um angemessen in seinen Führungsnachwuchs und seine Führungskräfte zu investieren. Unternehmen im Rückwärtsgang tun sich hier naturgemäß wesentlich schwerer, es entstehen nicht neue Arbeitsplätze, sie werden abgebaut, und damit zwangsläufig auch Aufstiegsmöglichkeiten. Natürlich gibt es auch in solchen Unternehmen interessante Aufgaben, aber eher für »Sanierer« mit viel Erfahrung und starken Nerven.

Mitarbeiter mit Karriereambitionen müssen auf sich aufmerksam machen, und zwar auf jeder Stufe der Karriereleiter, immer wieder von Neuem auf eine ganz bestimmte Art: Sie müssen sich den Ruf erarbeiten und erhalten, dass man gerne mit ihnen zusammenarbeitet und dass sie schwierige Aufgaben kompetent lösen. Fällt der Name eines Mitarbeiters bzw. einer Führungskraft immer dann, wenn es um die Bewältigung herausfordernder Probleme geht, vertrauen ihm andere, weil er Zusagen einhält sowie ehrlich und hilfsbereit ist, so hat er sehr viel für sein Fortkommen getan. Führungskräfte müssen des Weiteren durch eine ziel- und ergebnisorientierte Führung und Erfolge des gesamten Verantwortungsbereiches überzeugen. Räumliche Mobilität und sachliche Flexibilität fördern den Aufstieg.

Es gibt Unternehmen, die ihre Talente zusammenfassen und einer besonderen Förderung unterziehen. Man nennt das »Goldfischteich«. Ich kann aus meiner Praxis nicht empfehlen, »Goldfisch« zu werden. Neid und Vorbehalte sowie unterstellte zu gute Kontakte nach ganz oben (wir holen uns doch kein U-Boot in die Abteilung) wirken wie Bremsklötze auf die Karriere. Ich habe immer wieder gesehen, wie Goldfische überholt wurden.

10.2 Unternehmenssicht

Für Unternehmen ist es entscheidend, ausreichende Informationen über Mitarbeiter zu haben, die eine Karriere anstreben und über das entsprechende Potential verfügen. Wer sind die Potentialträger, welche Ausbildung und Erfahrung sowie fachliche und soziale Kompetenz zeichnet sie aus, wo liegen ihre Stärken?

Bei dieser Problemstellung haben Kleinunternehmen und der Mittelstand einen klaren Vorteil gegenüber Großunternehmen: Es bedarf keiner komplexen Systeme der Mitarbeitererfassung, um eine gute Übersicht über begabte Mitarbeiter zu erhalten. Herausragende Leistungen bleiben nicht verborgen, sie werden im Vorstand, in der Geschäftsführung oder der Unternehmensleitung bekannt.

Größere oder große Unternehmen haben es dagegen schwerer, die Übersicht zu gewinnen und zu behalten. Deshalb entstehen bei ihnen vielschichtige, komplexe und häufig auch anonyme Abläufe zur Erfassung von Potentialträgern. Gerne werden Entscheidungen auch an Tests und Assessments delegiert. Die Koordination des Prozesses obliegt der Personalentwicklung.

Ich habe keine guten Erfahrungen mit derartigen Abläufen gemacht, denn der durch nichts zu ersetzende Faktor des persönlichen Kennens und der persönlichen Verantwortung fehlt oder kommt zu kurz. Ich befürworte daher, abseits vom HR-Mainstream, eine einfache, aber effiziente Vorgehensweise: Die obersten Führungskräfte sowie Vorstand/Geschäftsführung führen auf der Grundlage einer bindenden Selbstverpflichtung durchschnittlich zwei Gespräche pro Woche mit sehr guten und guten Mitarbeitern. So schaffen sich die Verantwortlichen mit der Investition von etwas Zeit und – über lange Sicht – vielen Gesprächen einen sehr guten Überblick über talentierte Mitarbeiter und Potentialträger. Dieses Wissen ist durch nichts zu ersetzen. Man entscheidet bei der Besetzung von Führungspositionen mit Kenntnis und Eindruck, man hat ein Gesicht vor Augen.

Die Gespräche dienen ausschließlich dem Kennenlernen, dem Meinungsaustausch und dem Sammeln von Eindrücken. Sie sollten sich wiederholen, um ein gutes Fundament für spätere Aufstiegsentscheidungen zu sein.

Diese Methode ist für Unternehmen jeder Größe geeignet. Ein kleines Beispiel: Ein Unternehmen wird durch 100 höhere Manager gelenkt. Jeder Manager führt mit 50 Potentialträgern Gespräche, zwei je Kandidat, also insgesamt 100 Gespräche pro Jahr. So kann die Gruppe der Topmanager mit 5000 Talenten und Potentialträgern jährlich sprechen. Ein großer Kreis!

Entscheidend ist lediglich, dass alle Topmanager in der Förderung hoch qualifizierter Mitarbeiter eine wichtige Aufgabe für sich sehen und die Gespräche ohne Ausnahme kontinuierlich führen.

Damit Mitarbeiter Herausragendes leisten können, müssen sie die Chance dazu bekommen. Gerade junge Mitarbeiter, aber auch gestandene Führungskräfte, insbesondere dann, wenn sie wieder einmal »neu« sind, weil sie eine andere Aufgabe übernommen haben, brauchen Erfolg, auf dem sie aufbauen können, der ihnen Sicherheit gibt. Chancen zu geben und Erfolg zu ermöglichen sind entscheidende Aufgaben des Unternehmens, genauer, der jeweiligen Vorgesetzten, um Karrieren zu initiieren. Deshalb sollte bei keinem Jahresgespräch mit Managern die Frage fehlen: »Was haben Sie konkret im abgelaufenen Jahr für den Erfolg Ihrer Mitarbeiter getan?«

10.3 Kein Aufstieg ohne Abstieg

Diese, zugegebenermaßen provozierende, Logik wird von Bergsteigern akzeptiert, nicht aber von Menschen mit beruflicher Karriere oder entsprechenden Ambitionen, und auch nicht von deren Umfeld. Im Gegenteil, sie wird systematisch ignoriert. Man geht gemeinhin davon aus, dass erst mit dem Abtritt von der beruflichen Bühne und dem Beginn des Ruhestandes die Karriere endet, und zwar erfolgreich.

Leider ist das nicht die Realität, für viele Führungskräfte jedenfalls nicht. Es gibt eine Reihe von Studien, die zu dem Ergebnis kommen, dass die Mehrheit der Manager nicht glücklich ist. Hierfür werden eine Vielzahl von Ursachen, zum Beispiel Konflikte zwischen Berufs- und Privatleben, Überforderung, Existenzängste, die falsche Aufgabe etc., angeführt. Aus meiner Sicht liegt die Ursache tiefer, sozusagen davor, nämlich in dem Begreifen einer Karriere als Einbahnstraße »nach oben«. Schon der Stillstand einer Karriere wirft nicht selten Probleme auf (»Mehr als Gruppenleiter war bei dir auch nicht drin«), ein Karriereknick aber wird, wenn überhaupt, nur schwer verkraftet. Er wird als öffentliches Scheitern erlebt, sowohl von der Führungskraft als auch von deren Umfeld. Auch Manager, die in abendländischer Kultur aufgewachsen sind, können das Gefühl haben, ihr Gesicht zu verlieren. Und der berufliche Abstieg ist genau so eine Situation, bei der man sein Gesicht verliert.

Es darf daher nicht verwundern, dass Führungskräfte, aber auch Unternehmen, wenn auch aus unterschiedlichen Motiven, den Karriereknick vermeiden möchten. Die Führungskraft, weil sie nicht scheitern will, das Unternehmen, weil es keine frustrierte Führungskraft haben möchte, die möglicherweise innerlich kündigt. Diese Gemengelage führt dazu, dass Führungskräfte teilweise aufsteigen, bis sie überfordert sind, was dann zu Resultaten wie oben beschrieben führt.

Ich sehe nur die Möglichkeit, durch radikales Umdenken den Karriereknick salonfähig zu machen, um damit solche Situationen zu vermeiden.

Karriere ist ein langfristiger, in die Zukunft gerichteter Prozess und damit unsicher, im Zeitablauf genauso wie im Ergebnis. Konsequent zu Ende gedacht bedeutet dies, dass der Karriereprozess zwangsläufig Irrtümer beinhaltet, und zwar auch dann, wenn sich alle Beteiligten große Mühe geben, sie zu vermeiden. Irrtum heißt: der falsche Mann am falschen Platz. Und das ist ein mögliches Ergebnis, das dem Karriereprozess inhärent und damit nicht vermeidbar ist. Karriere beinhaltet Aufstieg, Abstieg und Seitwärtsschritt. Alle drei Elemente sind gleichberechtigt, das geht nicht anders, denn Karriere ist Zukunft. Nur wenn dieser Sachverhalt, taufen wir ihn »die drei Elemente des Karriereprozesses«, immer wieder offen angesprochen und durchgesetzt wird, wenn alle drei Elemente normal werden, kann es gelingen, den Rückschritt in der Karriere akzeptabel zu machen. Kein leichter Weg, aber er lohnt sich, denn er beinhaltet ein Weg von Überforderung und ein Hin zu mehr Zufriedenheit und Lebensqualität. Vielleicht aber auch einen neuen Startpunkt für eine spätere erfolgreiche Karriere mit mehr Erfahrung. Sogenannte Besitzstandsregelungen sollte man vermeiden, denn dadurch macht man die Führungskraft zu allem Übel auch noch zum Almosenempfänger. Das betrifft selbstverständlich nicht vernünftige Übergangsregelungen, die ein Muss sind.

Misserfolg kann, muss aber nicht Indikator für die Überforderung einer Führungskraft sein. Ein aus meiner Sicht sicheres Indiz ist vielmehr, wenn die Führungskraft die Verantwortung für ihr Handeln und ihre Mitarbeiter verweigert und die Schuld grundsätzlich bei anderen sieht: bei ihrem Vorgesetzten wegen fehlender Informationen, bei den Mitarbeitern wegen zu wenig Kompetenz, bei anderen Abteilungen wegen schlechter Zusammenarbeit, beim Kunden wegen zu spezifischer Wünsche etc. Sprechen Sie genau diese Führungskräfte auf das Thema Überforderung an.

Bieten Sie Führungskräften, die ihr Limit überschritten haben, grundsätzlich eine Alternative an, niemals die Aufhebung des Anstellungsverhältnisses. Begründen Sie den Schritt zur neuen Position nicht mit Schlechtleistung, sondern mit Überforderung und den entsprechenden Beobachtungen, die Sie zu dem Urteil haben kommen lassen. Vermeiden Sie einen zu harten Einschnitt in die Karriere, suchen Sie deshalb möglichst gleichwertige oder nur eine Hierarchiestufe niedrigere neue Aufgaben. Machen Sie schließlich und endlich deutlich, dass es zu der Versetzung keine Alternative gibt und dass Sie diese notfalls auch mit Hilfe einer Änderungskündigung durchsetzen werden. Zeigen Sie aber auch auf, dass Sie die Entscheidung nicht nur im Sinne des Unternehmens, sondern auch im Sinne des Mitarbeiters fällen, indem Sie ihm einen Weg aus der »Karrierefalle« ebnen, der hoffentlich mehr Zufriedenheit und Glück mit sich bringt.

11   Internationalisierung

War Internationalisierung zunächst vornehmlich ein Thema großer Unternehmen und Konzerne, so hat sich das heute drastisch geändert. Der Mittelstand ist auf breiter Front gefordert. Es geht nicht nur um Exporte, sondern um eigene Tochterunternehmen im Ausland, also um den Weg zu einem internationalen Konzern. Dieser Weg hält besondere Herausforderungen für die Personalabteilung bereit, die sich in drei Gruppen unterteilen lassen: Entsendung von Mitarbeitern, Organisation des Konzerns und Richtlinienkompetenzen.

11.1   Entsendung

Entsendungen sind ausgesprochen kompliziert. Doppelbesteuerungsabkommen, Sozialversicherungsfragestellungen, Visa- und Aufenthaltsbestimmungen, Lebenshaltungskostenindices sowie Themen der Arbeitserlaubnis stellen eine hohe Hürde dar, die nur mit Hilfe von Spezialisten auf diesem Gebiet zu bewältigen ist, insbesondere dann, wenn Auslandsentsendungen nicht ein laufender Gegenstand der Personalarbeit sind. Es gibt mehrere hoch kompetente Spezialunternehmen für weltweite Entsendungen, bei denen der Mittelstand gut aufgehoben ist. Selbstverständlich sind auch die international aufgestellten Wirtschaftsprüfungs- und Steuerberatungsgesellschaften gerne behilflich. Man sollte nicht am falschen Ende sparen und auf jeden Fall die Hilfe von Experten in Anspruch nehmen. Große Unternehmen und Konzerne haben in der Regel eigene Spezialisten in ihren Reihen, weil Entsendungen bei ihnen keine seltenen Ereignisse sind.

Eine Aufgabe der Personalabteilung ist es, die Rahmenbedingungen für Entsendungen zu definieren. Man sollte hier aber nicht zu engmaschig vorgehen, denn jede Entsendung hat ihre eigenen Themen und Probleme, die einer individuellen Lösung bedürfen. Man sollte zwischen Entsandten, die zu Qualifizierungszwecken, zum Beispiel für zwei Jahre, ins Ausland gehen oder nach Deutschland kommen und Managern, die für drei bis fünf Jahre oder länger eine Auslandsfunktion für den Konzern übernehmen, unterscheiden. Unternehmen mit internationaler Montagetätigkeit und/oder entsprechenden Baustellen im In- und Ausland haben für diese Fragestellungen weitere Regelungen, auf die ich aber, weil es zu speziell ist, nicht näher eingehen möchte.

Steht die Qualifizierung im Vordergrund, so könnten folgende Grundsätze greifen:

Ausgangspunkt ist das Nettoeinkommen. Es wird, abhängig von einem Lebenshaltungskostenvergleich, erhöht oder gesenkt. Liegen die Lebenshaltungskosten am Auslandsstandort zum Beispiel um zwanzig Prozent höher als am Heimatstandort, so wird das Nettoeinkommen analog erhöht. Man kann dann noch eine Auslandspauschale gewähren, die allerdings zehn Prozent des um die Lebenshaltungskostenkomponente erweiterten Nettoeinkommens nicht übersteigen sollte. Diese kann auch in »Naturalien«, zum Beispiel Sprachunterricht, gewährt werden. Die Entsandten erhalten ein möbliertes Appartement auf europäischem Niveau kostenfrei zur Verfügung gestellt. Hin- und Rückflug mit erweitertem Gepäck werden Economy übernommen. Der Mitarbeiter erhält fünf Heimflüge im Jahr, ist er verheiratet, verdoppelt sich die Anzahl der Heimflüge. Diese sind selbstverständlich auch immer Economy. Hinzu kommen fünf Tage bezahlter Sonderurlaub p. a. für Verheiratete. Ein auf zwei Jahre begrenzter Auslandsaufenthalt rechtfertigt keine Mitnahme der Familie. Das Herausreißen der Familie aus der gewohnten Umgebung ist nicht zu verantworten.

Soweit die Richtschnur für Qualifizierungs-Auslandsaufenthalte. Im Detail kann es an der einen oder anderen Stelle noch Ergänzungen geben, zum Beispiel, wenn es um die Frage eines »fahrbaren Untersatzes« geht. Hier sollte man aber eher restriktiv vorgehen und nur in wohlbegründeten Ausnahmen von der Richtlinie abweichen.

Es wird ein befristeter Entsendungsvertrag zwischen Mitarbeiter und Unternehmen geschlossen, der die vorstehenden Regelungen abbildet. Der Inlandsvertrag wird mit kongruenter Frist ruhend gestellt, ein Anstellungsvertrag mit dem aufnehmenden Unternehmen wird entsprechend des Entsendungsvertrages erstellt. Er sollte alle Regelungen des Entsendungsvertrages abbilden, soweit Gesetze und Firmenregelungen das erlauben. Die Unternehmen führen im In- und Ausland Steuern und Sozialversicherungen ab. Der Mitarbeiter bleibt in der inländischen Renten- und Arbeitslosenversicherung. Für die Entsendungszeit wird er privat krankenversichert. Die Betriebsrente im Heimatunternehmen wird fortgesetzt.

Nach der Qualifizierung enden Entsendungs- und Auslandsvertrag per Fristablauf, der Inlandsvertrag, dynamisiert mit den Tariferhöhungen, lebt wieder auf.

Eine Managerentsendung unterliegt anderen Regeln. Diese könnten wie folgt aussehen:

Die Auslandsgesellschaft bewertet die zu besetzende Position und übermittelt das entsprechende Nettoeinkommen. Dieses Gehalt dient als Vergleichsmaßstab für die weiteren Berechnungen. Das Nettoeinkommen im Inland wird wieder durch eine Lebenshaltungskostenkomponente angepasst und um zehn bis dreißig Prozent angehoben. Der Gehaltssprung hängt von der Größe des Karriereschritts und von der Höhe des ausländischen Referenzgehaltes ab. Ein Nachzug der Familie in den ersten zwölf Monaten ist obligatorisch. Entsprechend müssen die Housing-Regeln gestaltet sein. Eine Wohnung oder ein Haus werden mietfrei zur Verfügung gestellt, Nebenkosten trägt der Mitarbeiter. Umzugskosten und eine Einrichtungspauschale, auch

»Gardinengeld« genannt, zahlt das Unternehmen, genauso wie eventuell Schulgeld. Zwei Familienheimflüge pro Jahr gehören zum Paket, genauso eine Eingliederungshilfe für die Familie, die 10 000 € betragen könnte. Die private Krankenversicherung wird auf die Familie ausgedehnt.

Es sollte darauf hingewirkt werden, dass Steuern und Sozialversicherungen nur im Ausland gezahlt werden. Der Konzern sollte zu seinen Lasten für Auslandsmanager eine spezielle betriebliche Altersversorgung mit einem Rückversicherer abschließen, die ein gutes Rentenniveau absichert.

Mit dem Manager wird ein dreijähriger Entsendungsvertrag geschlossen, der die einmalige Verlängerung um zwei Jahre vorsieht. Der inländische Vertrag wird zunächst für drei, maximal aber für fünf Jahre ruhend gestellt, danach erlischt das inländische Arbeitsverhältnis zwingend. Der lokale Vertrag muss mit dem Entsendungsvertrag korrespondieren. Sollte es aufgrund von Währungsrisiken erforderlich sein, einen Teil des Gehaltes in anderer Währung an einem anderen Platz auszahlen zu müssen, so ist penibel über den unterstützenden Steuerberater darauf zu achten, dass die Versteuerung vollständig erfolgt.

Nach fünf Jahren muss auf einen ausschließlich lokalen Vertrag umgestellt werden. Deshalb ist es sehr wichtig, bei allen Vertragszusagen während der Ent-

sendung von Anfang an das ausländische Referenz-
gehalt mit im Blick zu haben.

Bei einer Rückkehr des Managers in den ersten fünf
Jahren lebt der ruhend gestellte Inlandsvertrag, dynamisiert um die Gehaltserhöhungen in dieser Zeit, wieder auf. Übernimmt der Manager eine höherwertige
Position, so muss selbstverständlich ein korrespondie-
render Anstellungsvertrag im Inland neu ausgefertigt
werden.

Neben dem Vertrag mit der Auslandsgesellschaft
dürfen nach fünf Jahren nur noch Schulgeld und die
Konzernaltersversorgung stehen. Mit dem Ende des
Entsendungsvertrages gibt es keine Garantie auf ein
inländisches Arbeitsverhältnis mehr. Gerade die Be-
fristung von Managerentsendungen auf fünf Jahre
ist umstritten und wird von den Managern nicht gern
gesehen. Bleiben Sie an dieser Stelle hart, denn das
Unternehmen ist nicht dazu da, dem Management jed-
wedes Lebensrisiko zu nehmen.

11.2 Organisation

Bevor ich den Bogen zur Internationalisierung spanne,
gestatten Sie mir einige allgemeine Anmerkungen zur
Organisation.

Die Organisation eines Unternehmens sollte klar, nachvollziehbar und so einfach wie möglich sein. Nur so ist

garantiert, dass sie von den Mitarbeitern verstanden und verinnerlicht wird und bei der abteilungsübergreifenden und internationalen Zusammenarbeit wirklich hilft. Wird die Organisation nicht verstanden, beginnt eine von dieser unabhängige Zusammenarbeit; Kompetenzen werden frei gewählt. Beides muss nicht im Sinne des Unternehmens sein. In letzter Konsequenz sprechen Unternehmensleitung und Mitarbeiter nicht mehr vom selben Unternehmen.

Eine Organisation verändert sich selbstverständlich im Laufe der Zeit und das muss im Firmenorganigramm nachvollzogen werden. Man sollte allerdings darauf achten, dass nicht in kurzen Abständen die Veröffentlichung immer wieder neuer Organigramme ansteht. Das stumpft ab. Die Belegschaft schenkt der Änderung keine Beachtung mehr und es entsteht leicht der Eindruck, die da oben hätten nichts besseres zu tun, als neue Organisationen zu ersinnen.

Organisationen waren tief und flachten ab den 80er Jahren des letzten Jahrhunderts ab. Beratungen predigten landauf, landab die Vorzüge der flachen Hierarchie, und so wurde sie mehr und mehr eingeführt. Wenn ich später als Personalleiter gegenüber Bewerbern das Thema flache Hierarchie ansprach, erhielt ich grundsätzlich spontanen Zuspruch. Begründet wurde dieser mit der Erwartung, selbst früh Verantwortung zu erhalten und einen kurzen Weg nicht nur zum direkten, sondern auch zu höheren Vorgesetzten zu haben. Aus personeller Sicht haben flache Hierarchien einen entscheidenden Nachteil. Sie schränken Karrieremöglichkeiten stark ein. Deshalb wachsen flache Organigramme gerne in die Breite.

Es kommen zum Teil unsinnige Konstruktionen dabei heraus, nur um doch etwas Karriere zu ermöglichen. Und so wächst die Anzahl der Vorstände/Geschäftsführer, Bereichsleiter und Abteilungsleiter, obwohl die Verantwortung dem Titel und der hierarchischen Einstufung nicht entspricht.

Je nach Größe des Unternehmens sollte ein Organigramm vier bis sechs Hierarchiestufen beinhalten. Es sollte sichergestellt sein, dass jede Hierarchiestufe, außer der Eingangsstufe, mindestens zwei, maximal acht Hierarchiepositionen unter sich hat, also zum Beispiel ein Bereichsleiter zwischen zwei und acht Abteilungsleiter, dieser wiederum zwischen zwei und acht Gruppenleiter usw. Die Hierarchie ist dann immer noch flach genug, um überbordende Bürokratie nicht zu fördern, aber auch tief genug, um interessante und vielseitige Führungspositionen mit angemessenen Aufgabenstellungen und Verantwortlichkeiten zu schaffen.

Ich spreche das Thema Organisation bewusst unter dem Punkt Internationalisierung an, weil es durch Letztere enorm an Bedeutung gewonnen hat. Ich möchte so weit gehen, dass eine erfolgreiche Internationalisierung ohne eine durchdachte und akzeptierte Organisation mit erheblichen Friktionen behaftet ist und an Erfolg einbüßt: Mitarbeiter kennen die Organisation der Schwestergesellschaften nicht, sie haben Schwierigkeiten, den richtigen Ansprechpartner zu finden. Informationen über die konzernweite Mitarbeiterstruktur fehlen oder sind nur mit sehr hohem Aufwand, und dann zumeist fehlerhaft, zu ermitteln. Das wiederum kann zu Fehlallokationen der Belegschaft führen, einfach weil die Information, wie viele Mitarbeiter mit welcher Expertise der Konzern insgesamt und wie auf die Gesellschaften verteilt beschäftigt, nicht greifbar ist. Ein Beispiel: Ein weltweiter Ingenieurtechnikkonzern, dem die Information fehlen würde, wie viele Elektro- oder Verfahrensingenieure er insgesamt und wie verteilt auf die Konzerngesellschaften beschäftigt, hätte bei der Steuerung der Mitarbeiter ein handfestes Problem, insbesondere dann, wenn es um die kompetente Besetzung internationaler Task Forces zur Bearbeitung millionenschwerer Großprojekte geht.

Vor einigen Jahren hatte ich die Aufgabe, ein Managementinformationssystem inhaltlich zu gestalten. Dazu sollte auch ein aussagekräftiges Organigramm gehören, das die Unternehmensgruppe weltweit abbildet. Es handelt sich nicht um einen Mischkonzern, sodass die Unternehmen zwar unterschiedliche Schwerpunkte haben (Vertrieb, Produktion etc.), aber zueinander passen. Es wurde ein einheitliches Organigramm entwickelt, das jedes Konzernunternehmen einschließlich der »Konzernmutter« anwenden musste. Das Organigramm war funktional gegliedert und die oben erwähnten Kriterien für Tiefe und Flachheit waren eingehalten. Nicht jede Box wurde von jedem Unternehmen gebraucht, dann blieb sie leer. Jeder Box wurde eine identische Kostenstellennummer mit einem Standortkürzel zugeordnet. Die Boxen enthielten den Namen des Verantwortlichen und die Anzahl der Mitarbeiter. Da die Organigramme die gleiche Struktur hatten, ließen sie sich sehr gut aggregieren. So konnte das oberste Management jederzeit erkennen, wie viele Mitarbeiter weltweit oder pro Standort zum Beispiel im Vertrieb, Controlling oder Engineering beschäftigt wurden. Selbstverständlich war dieses Organigramm mit allen Unterorganigrammen nur einem eng begrenzten Kreis des oberen Managements mit allen Informationen zugänglich. Mit ausgesuchten Informationen wurde es weltweit veröffentlicht, dauerhaft gepflegt und diente damit allen Mitarbeitern als Grundlage der übergreifenden, internationalen Zusammenarbeit. Ganz nebenbei wurden viele alte Zöpfe abgeschnitten, die im Rahmen der weltweiten Arbeit an einem Konzernorganigramm zutage gefördert wurden.

11.3 Richtlinienkompetenz

Ein Konzern gibt sich im Laufe der Jahre eine Vielzahl von Richtlinien. Die meisten bleiben eher im Verborgenen, für Personalrichtlinien gilt das nicht, entfalten sie doch für die meisten Mitarbeiter unmittelbare Relevanz. Ihren Ursprung haben Personalrichtlinien in der

Regel an den einzelnen Standorten. Das hat seinen guten Grund. Sie werden vor Ort mit den Betriebsräten oder Gewerkschaften verhandelt oder einfach erlassen und berücksichtigen Gesetze, Tarifverträge, Kulturen und Usancen der Regionen und Länder. Das kann im Konzern zu sehr unterschiedlichen Regelungen führen, was zum Teil inhaltlich nicht gewollt ist und den Wechsel von Mitarbeitern im Konzern erschwert.

Soweit man Konzernrichtlinien für Personal möchte, sollten diese nur als Leitplanken dienen und auch nur ausgewählte Themen behandeln, um Platz für standortspezifische Regelungen zu lassen. Eine Konzernrichtlinie für Mitarbeiter könnte zum Beispiel wie folgt aussehen:

— Es gibt keine Zeit- und Urlaubserfassung.
— Jeder unbefristet angestellte Mitarbeiter erhält eine betriebliche Altersversorgung, die frühestens nach fünf Jahren und spätestens nach zehn Jahren unverfallbar wird und im Zusammenhang mit einer Rückdeckungsversicherung oder einem Pensionsfonds betrieben werden muss.
— Jeder Mitarbeiter erhält eine gute, kostenfreie tägliche Verpflegung.
— Jeder Mitarbeiter hat Anspruch auf eine Teilzeitbeschäftigung, wobei die tägliche Arbeitszeit fünf Stunden nicht unterschreiten darf. Soweit produktionstechnische oder andere organisatorische Gründe eine Teilzeitarbeit am angestammten Ar-

beitsplatz nicht zulassen, muss der Mitarbeiter mit einer Versetzung einverstanden sein.

— Mit jedem Mitarbeiter findet nach Bedarf, mindestens aber halbjährlich ein Leistungs- und Ergebnisgespräch statt.

— Jeder Mitarbeiter ist für seine Leistungen und Ergebnisse mitverantwortlich, insbesondere in Bezug auf seine Motivation.

— Sonntags werden keine E-Mails geschrieben, gelesen oder beantwortet.

Die Gesellschaften des Konzerns müssen diese Richtlinien bei ihren Standortregelungen berücksichtigen, soweit nicht Gesetze oder Tarifverträge dagegen stehen oder Modifikationen erfordern.

11.4 Unterschiedliche Konzernphilosophien

Das Thema, nach welchen Kriterien man einen Konzern gestaltet und wie man ihn führt, ist ein weites Feld der Meinungen.

Auf der einen Seite stehen die Dezentralisten. Sie geben jedem Unternehmen im Konzern eine sehr weitreichende Freiheit, solange Umsatz und Ergebnis stimmen. Einschränkungen gibt es nur bei außerplanmäßigen Ereignissen oder Investitionen ab einer bestimmten Höhe und Firmenkäufen und -verkäufen. Diese Philosophie setzt auf Freiheit und Unternehmertum in allen Konzernunternehmen. Für dieses Lager sind meine Ausführungen zur Organisation und zu Konzernrichtlinien zu weitgehend.

Anders bei den Zentralisten. Sie verbinden mit einem Konzern ein einheitliches Auftreten und einheitliche Standards, soweit es geht. Im Prinzip sehen sie einen Konzern als ein Unternehmen mit Standorten im In- und Ausland, das straff und mit einer Anschauung geführt wird. Man erwartet so eine hohe Effizienz und möchte Economies of Scale realisieren. Unternehmertum gilt für den Konzern im Ganzen. Diesen Vertretern gehen meine Ausführungen nicht weit genug.

Beide Richtungen haben ihre Vor- und Nachteile. Ich denke, dass hier der goldene Mittelweg der richtige ist.

11.5 Das eigentliche Problem der Internationalisierung

… ist die Wiedereingliederung respektive die neue Aufgabe der entsandten Manager. Dabei geht es interessanterweise eher um die erfolgreichen als um die nicht erfolgreichen Führungskräfte. Die ohne oder mit mäßigem Erfolg kommen zurück auf ihre alte Position und müssen auf eine neue Chance hoffen. Verlassen sie das Unternehmen, ist keiner böse. Anders sieht es mit denen aus, die ihre Entsendung erfolgreich genutzt haben und nun mit ihrer Rückkehr den nächsten Karriereschritt gehen möchten, und das möglichst in der Konzernmutter. Wenn der Zufall in Form der richtigen, vakanten Position nicht hilft, kommt es zu Enttäuschungen auf beiden Seiten.

Ich höre den Einwand, man darf so eine wichtige Sache nicht dem Zufall überlassen, man muss sie planen. Selbstverständlich, aber ist die mittelfristige Zukunft planbar? Da ist der hoch angesehene »Expat«, der noch zwei Jahre dringend im Ausland benötigt wird, für den aber just jetzt eine Top-Position im Inland offen ist. Die Position kommt für ihn zu früh, kann zwei Jahre nicht vakant gehalten werden und wird kompetent mit jemand anderem besetzt. Die Chance ist weg, und zum Zeitpunkt der vorgesehenen Rückkehr so oder ähnlich nicht mehr vorhanden. Und nun?

Ich habe diese Situationen an verschiedenen Stellen immer wieder erlebt. Keiner hat einen Fehler begangen, trotzdem ist das Ergebnis unbefriedigend. Alle internationalen Unternehmen und Konzerne haben mit dieser Problematik zu kämpfen; Großkonzerne vielleicht etwas weniger, weil ihre Grundgesamtheit zu besetzender Managerpositionen zu jedem Zeitpunkt größer ist als im Mittelstand.

Was kann man tun, um das beschriebene Rückkehrproblem klein zu halten? Denn das ist existentiell für Auslandsprogramme. Es geht schlicht darum, das Thema Expatriierung nicht durch Misserfolge zu belasten bzw. für talentierte Mitarbeiter uninteressant zu machen.

Aus meiner Sicht bleibt nur eins: das Angebot interessanter Anschlusspositionen für »Expats« zu erweitern. Das schafft man zum einen, indem man mehr Bewegung in die Führungsriege bringt, das heißt, mehr Wechsel von Positionen anstrebt. Ein Anreiz ist hier sicherlich, dass sogenannte Schornsteinkarrieren ausgeschlossen werden und stattdessen nur über verschiedene unterschiedliche Verantwortungen im In- und Ausland Aufstiege möglich sind. Zum anderen, dass auf eine Entsendung nicht unbedingt die Rückkehr »nach Hause« folgt, sondern eine neue Aufgabe im Konzern, also gegebenenfalls eine weitere Expatriierung.

Rotationen in der Führungsmannschaft belasten Organisation und Effizienz, denn immer wieder sind neue Einarbeitungen erforderlich. Der Mindestaufenthalt in einer Position sollte daher fünf Jahre betragen. Ein solcher Aufenthaltsrhythmus bewirkt zudem, dass Fehler den Manager einholen. Das stärkt ganz zwangsläufig das Verantwortungsbewusstsein und schützt den Konzern vor geschickten Positionsvagabunden, die alle zwei bis drei Jahre eine neue Stelle antreten, ohne jemals etwas Entscheidendes zu bewegen.

Das alles hört sich gut an, ist aber auch nicht problemfrei, denn was macht man, wenn herausgehobene Positionen besetzt werden müssen, die aufgrund der konkreten Gegebenheiten des Konzerns eine vieljährige einschlägige Erfahrung in der Muttergesellschaft voraussetzen, zum Beispiel die Stelle des Forschungsleiters oder des Personalleiters?

Erschwerend kommt bei diesen Positionen hinzu: Wenn ein Forscher zwei Jahre aus seiner Position heraus ist, hat ihn die Entwicklung abgehängt, das gilt insbesondere für alle naturwissenschaftlichen, ingenieurtechnischen und Informatik-Disziplinen. Der Aufstieg zum Forschungsleiter erfolgt daher in der Regel im »Schornstein«, weil es nicht anders geht. Auslandsaufenthalte an anderen Forschungsstandorten des Konzerns oder Forschungssemester an ausgewählten Universitäten gehören selbstverständlich zum Karrierebild.

Personalleiter haben es mit landesspezifischen Gesetzen, Sozialleistungen, vor allem aber Usancen und Kulturen zu tun. Ein Wechsel in andere Nationen, wenn es um mehr als nur ein zweijähriges Kennenlernen und Internationalität pro Aufenthalt geht, ist aus meiner Sicht daher nicht sinnvoll.

Ich hoffe, Sie treffen die richtigen Entscheidungen.

12 Unternehmenskultur

In der ersten Jahreshälfte 2016 wurde ein Bild veröffentlicht, auf dem der Chief Executive Officer von Apple und eine mir unbekannte Dame vor der neuen, im Bau befindlichen Konzernzentrale von Apple (campus 2) zu sehen waren. Im zum Bild gehörenden Text wurde das Rätsel gelöst. Bei der Dame handelt es sich um die Geschäftsführerin des Unternehmens, das die Fassade des campus 2 baut. Die Bauhülle besteht zu einem wesentlichen Teil aus Glas, einer Spezialität des Unternehmens. Es gehört zu den technologisch führenden Premium-Fassadenbauern der Welt, hat seinen Sitz in Süddeutschland und war das einzige Unternehmen, das in der Lage war, den speziellen Anforderungen von Apple gerecht zu werden. Man sah auf dem Bild die Repräsentanten zweier auf ihren jeweiligen Märkten sehr erfolgreichen Unternehmen, die zu den Technologieführern weltweit gehören. Gleichwohl sind die Unternehmen sehr unterschiedlich. Hier der gigantische Hochtechnologiekonzern, bei dem Hochbegabte Schlange stehen, dort das mittelständische Unternehmen mit 500 Mitarbeitern in Deutschland und 1 000 Mitarbeitern weltweit, das in Fachkreisen bekannt ist und in dem engagierte, »normale« Mitarbeiter mit Begabung, Beharrlichkeit und Bodenständigkeit einem Unternehmen zum Welterfolg verhelfen. Einerseits der Fixstern am Unternehmenshimmel, andererseits eine Firma, die nur mit einem starken Fernrohr am Firmament entdeckt werden kann. Trotzdem muss man sich vor Augen führen: Apple ist die Ausnahme, der Fassadenbauer die erfolgreiche Normalität.

Jedes Unternehmen hat eine eigene Unternehmenskultur, so auch die beiden. Es mag hier Parallelen geben, sicherlich aber auch sehr große Diskrepanzen. Es arbeiten sehr unterschiedliche Menschen in den beiden Unternehmen, die die jeweiligen Unternehmenskulturen prägen. Aber so groß die Unterschiede auch sein mögen, beide Unternehmenskulturen unterstützen den Welterfolg beider Unternehmen. Es gibt also nicht die eine, die richtige Unternehmenskultur. Hier gilt allemal das Sprichwort: »Viele Wege führen nach Rom.« Aber die Kulturen führen nur in dem jeweiligen Unternehmen zum Ziel, ein fiktiver Wechsel könnte sowohl bei Apple als auch beim Fassadenbauer zur Katastrophe führen.

Wenn es nicht *die* richtige Unternehmenskultur gibt, kann man dann überhaupt etwas Allgemeingültiges sagen? Ich möchte es für die personellen Elemente einer Unternehmenskultur versuchen.

12.1 Die »gute« Personalkultur

Unternehmensleitlinien beinhalten in der Regel sehr unterschiedliche Elemente, eins beschäftigt sich mit dem eigenen Personal. Gerne verspricht man dort, die Mitarbeiterrechte einzuhalten, mit den Arbeitneh mervertretern vertrauensvoll zusammenzuarbeiten, verschiedene Arten von Diskriminierung nicht zuzulassen, respektvoll miteinander umzugehen etc. Und Konsequenzen, wenn man die Leitlinien nicht einhält? Fehlanzeige. Damit offenbaren sich zwei erhebliche Schwächen der »Standardleitlinien« vieler Unternehmen. Man nimmt sie nicht ernst, weil es keine Konsequenzen hat, gegen sie zu verstoßen.

Inhaltlich enthalten sie nur wenige oder keine Themen, die wirklich positiv auf eine Unternehmenskultur wirken. Wundern Sie sich deshalb nicht, wenn Mitarbeiter die Leitlinien Ihres Unternehmens nicht kennen. Sie haben ein gutes Gespür für die Frage, ob etwas wirklich ernst gemeint ist oder nicht. Der Gesetzgeber hat dies erkannt und versucht mit Gesetzen Konsequenzen zu erzwingen, die von Unternehmensseite fehlen. Ich denke hier etwa an das Allgemeine Gleichbehandlungsgesetz in Deutschland.

Möchte man eine Richtlinie erstellen, in der sich die Mitarbeiter wiederfinden, so sollte man folgende einfache Frage an den Anfang stellen: In welcher Umgebung fühlt sich ein Mensch wohl? Bei allen Unterschieden in der Persönlichkeit sicherlich dann, wenn ihm Anerkennung, Respekt, Aufmerksamkeit, gute Umgangsformen und Höflichkeit entgegengebracht werden. Zu ähnlichen Ergebnissen war ich bereits in Kapitel 1 gekommen, als ich aus Richtung der Einmaligkeit eines Menschen argumentierte. Es liegt daher nahe, hier anzusetzen und zum Beispiel folgende

Leitsätze zur Unterstützung einer positiven, von den Mitarbeitern geschätzten Unternehmenskultur zu formulieren:

- Jeder Mitarbeiter hat das Recht auf ein halbjährliches Leistungsgespräch, in dem seine Ergebnisse besprochen und gewürdigt werden.
- Jeder Mitarbeiter muss mit Respekt behandelt werden, insbesondere darf er nicht angeschrien werden.
- Jeder Mitarbeiter ist aus Respekt vor dem Anderen zur Pünktlichkeit verpflichtet.
- Jeder Mitarbeiter grüßt den Anderen freundlich und verabschiedet sich von den Mitarbeitern seiner näheren Arbeitsumgebung zum Feierabend.
- Kein Vorgesetzter darf das Bypassen zulassen.
- Der Verantwortungsbereich jedes Mitarbeiters ist zu respektieren.
- Kein Vorgesetzter darf sich wichtiger nehmen als seine Mitarbeiter.
- Jedem Mitarbeiter ist bei einem Gespräch ein Platz anzubieten.
- Betritt ein Mitarbeiter einen Raum, erheben sich die anderen von den Sitzplätzen.
- Kein Mitarbeiter darf sich verleugnen lassen.
- Während eines Gesprächs darf nur im Zusammenhang mit dessen Inhalt telefoniert oder der Computer benutzt werden.
- In Besprechungen dürfen keine Handys und Laptops mitgebracht werden, es sei denn, diese werden für einen Vortrag gebraucht.

- Kein Mitarbeiter darf in Gegenwart anderer vorgeführt werden.
- In Sprachen, die als Höflichkeitsform das »Sie« kennen, ist dieses gegenüber jedem Mitarbeiter während der Arbeitszeit anzuwenden. Die Anrede erfolgt respektvoll mit dem Nachnamen.
- Wer gegen diese Regeln wiederholt verstößt, muss mit arbeitsrechtlichen Konsequenzen rechnen.

Sie mögen denken, ich sei um einige Ecken mit Herrn Knigge verwandt. Ich darf Ihnen versichern, es ist nicht der Fall. Aber Basics guter Umgangsformen gegenüber jedermann schaffen eine Unternehmenskultur, die wie keine zweite eine Plattform des gegenseitigen Respekts schafft, auf der sich Mitarbeiter wohlfühlen und die gerade das Zusammengehen verschiedener Kulturen im Rahmen einer weiteren Internationalisierung ermöglicht. Man schafft eine gemeinsame Ebene der Unternehmenskultur, in der sich andere, auch sehr unterschiedliche Länderkulturen treffen können. Ein unschlagbarer Vorteil. Ich selbst habe den Vorteil bei Japanern, Indern, Polen, Italienern, Australiern, Südafrikanern, Spaniern, Brasilianern und Nordamerikanern erlebt. Auch Letztere kommen übrigens mit der Benutzung des Nachnamens besser klar, als man gemeinhin denkt.

12.2 Internationale Kultur

Eine einheitliche Unternehmenskultur gibt es nicht. Es gibt schon Unterschiede von Abteilung zu Abteilung an einem Standort, erst recht an unterschiedlichen Standorten. International sind die Unterschiede noch größer, weil, wie der Volksmund sagt: »Andere Länder, andere Sitten.« Um im Konzern einen Zusammenhalt herzustellen, ist es sehr wichtig, Gemeinsamkeiten zu haben. Dazu dienen gemeinsame Regeln, wie ich sie in Abschnitt 11.3 und 12.1 beispielhaft formuliert habe. Es sollten konkrete Aussagen sein, die jeder Mitarbeiter auf sich beziehen kann, womit er etwas anfangen kann.

Vermeiden sollte man irgendwelche Allgemeinplätze aus der Marketingecke, in denen sich nach dem Motto »Wir sind die Größten, wir sind die Besten, wir suchen die Besten« Superlative aneinanderreihen, die nicht wirklich ernst genommen werden und, schlimmer noch, auch schaden. Hierzu ein Beispiel: Viele Unternehmen haben sich eine Leitlinie gegeben, in der an herausgehobener Stelle steht: »Die Mitarbeiter sind unser höchstes Gut«, oder ähnlich. Dies widerspricht der wirtschaftlichen Realität. Denn nach deren Gesetz ist nicht der Mitarbeiter, sondern der Kunde das höchste Gut, er ist der König. Spätestens dann, wenn der Kunde die Produkte des Unternehmens nicht mehr bzw. weniger kauft, wird sich das Unternehmen von Mitarbeitern trennen müssen, und zwar möglichst schnell und mit geringem Aufwand. Mitarbeiter erkennen den Zusammenhang und den Widerspruch zum obigen Satz in den Leitlinien. Dieser legt deshalb den Grundstein für Misstrauen, keine gute Basis für eine Unternehmenskultur.

12.3 Gleichstellung

In den abendländischen Kulturen hat die Gleichstellung von Mann und Frau große Fortschritte gemacht. Dies erzeugt einen enormen Vorsprung vor allen anderen Kulturen, in denen die Gleichstellung noch nicht so weit gediehen ist oder noch in den Kinderschuhen steckt. Wir haben uns ein zusätzliches Bildungs- und Arbeitspotential erschlossen, das einen nicht leicht zu imitierenden Wettbewerbsvorteil schafft. Wir können auf eine wesentlich breitere Intelligenz und ein ausgeglicheneres Verhalten in der Gesellschaft setzen. Unsere Innovationskraft ist bezüglich Tiefe und Breite deutlich höher, kulturelle Neuerscheinungen in Form von Büchern und anderen Medien sind kreativer und deutlich häufiger.

Was für eine Gesellschaft gilt, hat auch in Unternehmen Gültigkeit. Und hier ist es noch wichtiger, weil man in einem unmittelbaren Wettbewerb steht. Wenn Unternehmen sich die Arbeitskraft, die Intelligenz und Tatkraft von Frauen erschließen möchten, bringen in den Medien immer wieder diskutierte Quoten nichts, außer dass diese begabte Frauen diskriminieren. Es geht vielmehr darum, dass Frauen und Männer gleichermaßen ohne zu lange Unterbrechungen tätig sein können. Dazu gehört die Zusage von Teilzeit über fünf Stunden täglich, verbunden mit der Rückkehrmöglichkeit in Vollzeit ohne Wenn und Aber und ohne individuelle Prüfungen, wie sie zum Beispiel der Gesetzgeber in Deutschland vorsieht, genauso wie die Möglichkeit der Freistellung mit oder ohne Elternzeit vom ersten bis zum dritten und vom sechsten bis zum achten Lebensjahr des Kindes.

Dies sollte Standard in allen Konzernunternehmen weltweit sein.

Ein Unternehmen, das sich für die Integration von Frauen einsetzt und das Angebot selbstverständlich auch für männliche Kollegen bereithält, schafft ein deutlich besseres Arbeitsklima, setzt auf eine vielfältigere Intelligenz und hilft ganz nebenbei, Arbeit und Familie in Einklang zu bringen.

12.4 Personalabbau

Jedes Unternehmen kann in die Krise geraten. Und möglicherweise ist damit eine Personalreduzierung unumgänglich. Wenn dem so ist, steht das Unternehmen vor einer sehr schweren Herausforderung, denn viele Werte, für die das Unternehmen steht und weshalb die Mitarbeiter gerne zur Arbeit gehen, geraten in Gefahr. Überlassen Sie den Personalabbau keinen »starken Männern«, die sich gerne als knallharte Sanierer generieren, auf ihren Ruf stolz sind und sich über große Prämien für einen erfolgten Personalabbau freuen.

Natürlich erfolgt die Personalreduktion auf Grundlage der gesetzlichen Bestimmungen. Hier gibt es hervorragende Rechtsanwälte, die gerne helfen. Aber wenn das Unternehmen eine gute Zukunft haben will, bedarf es weiterer Überlegungen zur Vorgehensweise.

— Soweit keine grundlegende Erfahrung zum Thema Personalabbau besteht, nehmen Sie neben einem Rechtsanwalt einen sehr guten Fachmann von außen.
— Ein Personalabbau sollte nur einmal erfolgen. Deswegen erhöht man die Planzahlen der Bereiche um ca. zwanzig Prozent und sucht den Abbau auch in der Verwaltung und den Führungsetagen. Es muss klar werden, dass über alle Ebenen und Bereiche abgebaut wird. Auf keinen Fall darf der Eindruck entstehen, dass »die da oben« geschont werden.
— Es muss deutlich gemacht und veröffentlicht werden, dass die Restrukturierung die Ultima Ratio ist und alle anderen sinnvollen Möglichkeiten ausgeschöpft sind.
— Verhandelt werden sollte ein fairer Sozialplan, der Härten tatsächlich abmildert, aber nicht dazu führt, dass Betroffene ihr Glück kaum fassen können.
— Der Abbau sollte schnell erfolgen. Mit jedem Mitarbeiter muss einzeln gesprochen werden. Ihm sind die Gründe darzulegen. Er darf nicht nach »Wild-

westmanier« nach dem Gespräch noch zehn Minuten haben, um das Unternehmen zu verlassen. Viele Mitarbeiter möchten ihre Arbeit beenden und ordentlich übergeben. Lassen Sie das zu. Vereinbaren Sie in jedem Einzelfall den Austrittstermin innerhalb der Kündigungsfrist einvernehmlich mit dem Mitarbeiter. Ihm gebührt bis zur letzten Minute Respekt.

— Es ist auf eine zügige, reibungslose Nachsorge hinzuwirken (Arbeitspapiere, Zeugnis, Arbeitsbescheinigung).

— Nicht nur die vom Personalabbau betroffenen Mitarbeiter haben Gesprächsbedarf, sondern auch die Verbleibenden. Ihnen muss überzeugend vermittelt werden, wie die Zukunft des Unternehmens erfolgreich gestaltet werden kann und welche Konsequenzen für sie mit der Unternehmensneuausrichtung verbunden sind.

— Ein Unternehmen in der Restrukturierung befasst sich naturgemäß mit sich selbst, und nicht mit seinem Geschäft und seinen Kunden. Diese Innensicht ist notwendig, muss aber so schnell wie möglich beendet werden, will man nicht Gefahr laufen, dass die Konkurrenz Kundschaft und gute Mitarbeiter übernimmt und damit die nächste Abbauwelle ihre Schatten vorauswirft.

Eine Unternehmenskultur muss sich in guten wie in schlechten Tagen bewähren. Sie wird es dann tun, wenn auf Erfolglosigkeit Erfolg kommt, wenn die Mitarbeiter eine Zukunft für sich und für das Unternehmen sehen.

Wann ist eine Unternehmenskultur gut, wann schlecht? Fachleute haben hierzu durchaus unterschiedliche Vorstellungen, übrigens auch zum Thema, was zur Unternehmenskultur gehört. Ich habe mich bei diesen Themen pragmatisch ausgerichtet, indem ich die Frage nach »gut« und »schlecht« beiseitegeschoben und durch »akzeptiert« und »nicht akzeptiert« ersetzt habe. Wenn Mitarbeiter sich wohlfühlen und ihr Unternehmen »gut finden«, wenn die Fluktuationsrate niedrig ist, wenn Generationen im Unternehmen arbeiten und wenn Bewerber zum Unternehmen kommen und nicht umgekehrt, dann spricht viel für eine akzeptierte Unternehmenskultur.

Zur Unternehmenskultur gehört in jedem Fall alles, was Sie in diesem Buch finden.

Ich wünsche Ihnen viel Erfolg bei Ihrer Personalarbeit und hoffe, dass Ihnen und Ihren Managern das vorliegende Buch dabei hilft.

Anmerkungen

1 Die Begriffe Mitarbeiter, Personalleiter, Geschäftsführer, Manager, Bereichsleiter etc. werden in diesem Buch geschlechtsneutral verwandt. Der Verzicht auf die weibliche Form dient ausschließlich der sprachlichen Vereinfachung und Förderung der Lesbarkeit.

2 Auch wenn ich die Frage »zentral/dezentral« im Folgenden grundsätzlich diskutiere, so sind selbstverständlich auch Zwischenlösungen denkbar und in der Praxis häufig anzutreffen.

3 Gleichbehandlung heißt hier, Gleiches gleich und Ungleiches ungleich zu behandeln. Alles gleich zu behandeln, ist nicht gemeint, führt es doch nur zu Ungerechtigkeiten und Gleichmacherei.

4 In der Verhaltensbiologie werden die Themen Kommunikation/Sprache und Vertrauen unter dem Begriff Bindung oder Bindungstrieb dargestellt. Wer näheres hierzu erfahren möchte, dem empfehle ich die Werke von Konrad Lorenz, Felix von Cube und Irenäus Eibl-Eibesfeldt.

5 Mit diesen Merkmalen wurden und teilweise werden auch heute noch gute Mitarbeiter in Zeugnissen von Handwerksbetrieben beschrieben. Für mich gibt es keine bessere Charakterisierung eines Mitarbeiters, auch wenn sie von Personalprofis gerne belächelt wird, lieben sie doch ihre Zeugnisverklausulierungen.

6 Vergl. Tobias Hürter, Lasst mich in Ruhe, in: Zeitwissen, Nr. 2, 2017, Seite 20-29.

7 Wer mehr über die Probleme variabler Vergütung erfahren möchte, dem empfehle ich den Klassiker »Mythos Motivation« von Reinhard Sprenger.

8 Die Margarethenhöhe zählt noch heute zu den begehrten Wohngebieten Essens.

9 Die betriebliche Altersversorgung wird als zweiter Pfeiler der Altersversorgung bezeichnet, die private als drit-

ter Pfeiler. Der Königsweg ist, wenn ein Unternehmen eine Altersversorgung anbietet, die die gemeinsame Einzahlung von Unternehmen und Mitarbeiter zulässt und somit Pfeiler 2 und 3 zusammenführt.

10 Auch Führungspersönlichkeiten beginnen klein. Man findet sie als Führungsnachwuchs auch auf unteren Hierarchieebenen. In der Regel steigen sie schnell auf, machen Karriere. Sie ziehen bereits in jungen Jahren die Aufmerksamkeit auf sich: »Aus dem wird mal etwas.«

11 Wettbewerb wird gerne freundlich umschrieben. Man assoziiert den sportlichen Wettkampf, an dessen Ende der freundliche Händedruck und der faire Verlierer stehen. Wettbewerb zwischen Unternehmen ist etwas anderes, es ist Überlebenskampf, ähnlich wie ihn die Evolution zu ihrem Leitprinzip erklärt hat.

12 Verbessern in diesem Kontext heißt üben, üben, üben, und das gerade auch dann, wenn man Talent hat. Trainieren wird man allerdings nur, wenn man Interesse an seinen Begabungen hat. Der sicherste Weg, Anlagen zu verschlechtern, ist der, sie nicht mehr anzuwenden.

13 Siehe im Detail: Rolf Dobelli, Die Kunst des klaren Denkens, Hanser, München 2011, Seite 137–139.